www.liebe-mit-style.de

„Die besten Dinge im Leben sind nicht die, die man für Geld bekommt."

Albert Einstein

Mike Winter

Liebe mit Style
Erfolgreiches Dating für Gentlemen: Der Weg zur Traumfrau
Wie Sie als Mann mit Stil, Empathie und Wertschätzung eine Beziehung von Dauer aufbauen

Über den Autor: Der gebürtige Rheinländer Mike Winter arbeitet seit über 40 Jahren als freiberuflicher Autor, Lifestyle-Journalist und Marketingberater für die unterschiedlichsten Unternehmen und Organisationen. Als Vermarktungsspezialist, Führungskraft und Fachbuchautor ist er darin geschult, Menschen anwendbares Wissen für ihr berufliches und privates Leben zu vermitteln. Das Thema dieses Buches liegt ihm besonders am Herzen, denn er möchte Männern den mühsamen Weg ersparen, den er selbst über langjährige Beziehungen gegangen ist. Mike Winter lebt heute nach vielen Jahren der Suche in einer glücklichen und liebevollen Beziehung zu einer Frau, die er als Mann und Gentleman mit den modernen Werten dieses Buches für sich gewinnen konnte.

Bibliografische Information der deutschen Nationalbibliothek: Die deutsche Nationalbibliothek verzeichnet diese Publikation in der deutschen Nationalbibliografie; detaillierte bibliografische Daten sind im Internet über http://dnb.dnb.de abrufbar

Impressum

Liebe mit Style
Erfolgreiches Dating für Gentlemen: Der Weg zur Traumfrau
Wie Sie als Mann mit Stil, Empathie und Wertschätzung erfolgreich eine Beziehung von Dauer aufbauen

Lektorat und Korrektorat: Claudia Pipos, Elsa Breuniger
Bilder: Pixabay, Mike Winter

© April 2023 Mike Winter
Herstellung und Verlag: BoD - Books on Demand, Norderstedt
ISBN 9783746050089

Genderhinweis:

Aus Gründen der besseren Lesbarkeit und Verständlichkeit wird auf die gleichzeitige Verwendung der Sprachformen männlich, weiblich und divers (m/w/d) verzichtet. Sämtliche Personenbezeichnungen gelten gleichermaßen für alle Geschlechter.

Das Buch richtet sich bewusst an eine spezifische Zielgruppe, nämlich Männer in Beziehungen zu Frauen. Die Beschränkung auf diese Zielgruppe soll lediglich der Fokussierung auf das Thema des Buches dienen und stellt keine Diskriminierung oder Ausgrenzung anderer Personengruppen dar. Leser und Leserinnen sind herzlich willkommen.

Für meine treue Lebensgefährtin, Freundin und Geliebte – Claudia

Für meine Söhne Marc und Arne – damit etwas bleibt.

Ein Kompliment kann so viel bewirken,
es zeigt Wertschätzung und Respekt,
lässt das Herz höherschlagen und gedeihen,
erweckt die Liebe und bringt sie zum Wachsen.

So sei mutig und sag ihr, was du siehst,
wie schön, klug und liebenswert sie ist,
denn jedes Kompliment kann ihr Herz erfreuen,
und die Liebe für immer erblühen lassen.

Inhalt

Einleitung Teil 01:

Gentleman in einer modernen Zeit

Was Sie in diesem Ratgeber erwartet

Willkommen bei „Liebe mit Stil - Erfolgreiches Dating für Gentlemen: Der Weg zur Traumfrau".

In diesem Buch geht es darum, wie man Frauen mit Respekt, Anstand und Würde begegnet und damit eine solide Basis für eine erfolgreiche Beziehung schafft. Es ist kein Buch über die Kunst der manipulativen Verführung oder über schnelle Eroberungen, sondern ein Buch darüber, wie man vom ersten Date an eine Beziehung zu einer Frau aufbaut, die auf gegenseitigem Respekt und Wertschätzung beruht.

In einer Welt, in der Gleichberechtigung und Feminismus wichtiger denn je sind, ist es für Männer von entscheidender Bedeutung zu verstehen, wie man Frauen auf respektvolle und moralische Weise anspricht. Das Ziel dieses Buches ist es, Männern zu helfen, sich in einer modernen Welt der Gleichberechtigung als Gentleman in einer Paarbeziehung zu verhalten.

In diesem Buch finden Sie viele praktische Tipps und Beispiele, wie Sie Frauen in einer Weise ansprechen können, die ihre Würde und ihr Selbstwertgefühl respektiert. In einer Welt, in der Frauen immer noch Opfer von Diskriminierung, Belästigung und Gewalt sind, ist es umso wichtiger, dass Männer sich über ihre Einstellung und ihr Verhalten gegenüber Frauen im Klaren sind. Ein Gentleman ist nicht nur höflich und zuvorkommend, sondern zeigt Wertschätzung, Einfühlungs-vermögen und Respekt gegenüber Frauen.

Wir sprechen darüber, wie man als Mann die richtigen Signale aussendet und ein Gespräch beim ersten Date so führt, dass es für beide Seiten angenehm ist. Ein Gentleman ist in der Lage, Grenzen zu respektieren. Wenn eine Frau ihm signalisiert, dass sie nicht interessiert ist, akzeptiert er das, ohne Druck oder Belästigung auszuüben. Er kann ein „Nein" akzeptieren und respektiert die Entscheidungen und Wünsche der Frauen, mit denen er in Kontakt kommt.

Es ist wichtig zu betonen, dass sich dieser Leitfaden an Männer jeden Alters richtet. Ganz gleich, ob Sie gerade aus der Schule kommen oder bereits ein erfahrener Mann sind, dieser Leitfaden wird Ihnen eine Hilfe und vielleicht auch eine Ermutigung sein, sich Frauen wieder mit der Art und Weise eines Gentlemans zu nähern.

Wir werden verschiedene Themen behandeln, von der ersten Kontaktaufnahme über den Aufbau einer Beziehung, die auf Respekt, Vertrauen und gemeinsamen Werten basiert, bis hin zu dem, was zu erwarten ist, wenn Kinder in die Beziehung kommen und Sie eine Familie gründen. Wir werden uns mit verschiedenen Situationen beschäftigen, von der zufälligen Begegnung in einer Bar bis zum Kennenlernen einer Frau in einem Café oder bei einer Veranstaltung.

Es ist wichtig zu betonen, dass es in diesem Buch nicht darum geht, Frauen zu manipulieren oder zu kontrollieren. Es geht vielmehr darum, ihnen zu helfen, eine Beziehung aufzubauen, die auf gegenseitigem Respekt und Kompromissbereitschaft beruht. Ein weiterer wichtiger Punkt ist, dass ein Gentleman Frauen nicht auf eine bestimmte Art und Weise behandelt, nur weil sie Frauen sind. Er erkennt an, dass Frauen genauso individuell und vielfältig sind wie Männer und respektiert ihre Persönlichkeit, Interessen und Bedürfnisse. In der heutigen Zeit ist es wichtig, dass sich Männer aktiv für die Rechte und die Gleichstellung von Frauen einsetzen. Ein Gentleman setzt sich auch für eine Welt ein, in der Frauen und andere Menschen respektiert und geschätzt werden, und engagiert sich gegen Diskriminierung und Gewalt.

Ich hoffe, dass Sie dieses Buch als wertvolle Ressource nutzen, um Frauen auf respektvolle und moralische Weise zu begegnen und eine erfolgreiche Beziehung aufzubauen, die auf gegenseitigem Verständnis, Wertschätzung und Respekt beruht.

Vielleicht haben Sie sich schon gefragt, warum ich Sie in diesem Buch mit „Sie" anrede. Ganz einfach: Ein Gentleman verwendet grundsätzlich das Personalpronomen „Sie", wenn er eine ihm unbekannte Frau oder andere Personen zum ersten Mal anspricht. Das zeigt Respekt und lässt Raum für eine höfliche erste Vorstellung. Ein Gentleman fragt erst später im Gespräch und bei passender Gelegenheit, ob ein „Du" für die Gesprächspartnerin in Frage kommt. Insofern ist die Anrede mit „Du", auch wenn sie heute in sozialen Netzwerken oft üblich ist, im deutschsprachigen Raum nicht unbedingt der respektvollste Weg.

Das Buch ist didaktisch sinnvoll gegliedert und beschäftigt sich zunächst mit dem Begriff Gentleman und seiner Bedeutung. Im nächsten Teil des Buches beschäftigen wir uns mit den Grundlagen der Kontaktaufnahme mit Frauen. Wir besprechen, wie man Frauen beim Small Talk anspricht und wie man ein Gespräch beginnt. Wir werden uns unter anderem mit der Bedeutung von Körpersprache und Blickkontakt beschäftigen und wie man diese effektiv einsetzen kann, um eine positive Beziehung zu einer Frau aufzubauen. Aufgelockert wird das Buch durch viele kleine Geschichten und Beispiele, die Ihnen helfen, das Verhalten und die Regeln eines Gentlemans zu verstehen und anzuwenden.

Sie werden feststellen, dass bestimmte Verhaltensweisen und Begriffe häufiger vorkommen. Dies liegt daran, dass sie im Kontext des jeweiligen Kapitels oder Abschnitts mit einer etwas anderen Bedeutung in Bezug auf das neue Thema erklärt werden.

Nach der Lektüre dieses Buches werden Sie in der Lage sein, die Frau Ihrer Träume kultiviert als Mann und Gentleman anzusprechen, und Sie werden wissen, wie Sie eine erfolgreiche und glückliche Beziehung mit Ihrer Traumfrau aufbauen und aufrechterhalten können.

Erfahren Sie, wie Sie sich als Gentleman in der heutigen Welt der Gleichberechtigung verhalten müssen, um die Frau Ihrer Träume zu erobern.

Einleitung Teil 02:

Was machen junge Männer häufig falsch?

Es gibt viele mögliche Gründe, warum junge Männer Schwierigkeiten haben, auf moderne und emanzipierte Frauen zuzugehen. Sprechen wir die häufigsten davon einfach an, bevor wir darauf eingehen, wie man die Dinge richtig machen kann:

Zu viel Druck: Wenn man als Mann zu sehr darauf fixiert ist, eine bestimmte Frau anzusprechen oder zu beeindrucken, kann das zu viel Druck erzeugen und dazu führen, dass man sich unsicher oder verkrampft verhält. Es ist wichtig, sich bewusst zu machen, dass die Zukunft nicht von einer einzelnen Interaktion mit einer Frau abhängt und dass es viele andere interessante Frauen und Gelegenheiten gibt jemand kennenzulernen, der zu einem passt. Wenn es nicht gleich bei einer Frau funktioniert, gibt es sicher noch weitere Möglichkeiten. Es ist viel besser, offen zu bleiben und eine Ablehnung mit Würde und Anstand zu respektieren.

Fehlende Selbstreflexion: Wenn man sich selbst nicht gut kennt und weiß, was man will und was man ausstrahlt, kann das zu Verunsicherung führen. Es ist wichtig, sich selbst zu reflektieren und gegebenenfalls an sich selbst zu arbeiten, um authentisch und selbstbewusst auftreten zu können. Fragen Sie Freunde und Bekannte, wie Sie wirken. Das Verbessert den Blick auf sich selbst.

Mangelnde Empathie: Wenn man sich nur darauf konzentriert, was man selbst will und wie man selbst wirkt, kann man leicht vergessen, dass es auch um die andere Person geht. Es ist wichtig, sich in die Perspektive der anderen Person hineinzuversetzen und darauf zu achten, dass man respektvoll und achtsam mit ihr umgeht. Denken Sie im Gespräch mit einer Frau daran, Ihre Bedürfnisse zu berücksichtigen. Fragen Sie nach, wenn Sie etwas nicht verstehen und hören Sie dann einfach schweigend zu.

Unpassende Kommunikation: Wenn man sich nicht klar und deutlich ausdrücken kann, unpassende Scherze macht oder Themen anspricht, die die andere Person unangenehm finden könnte, kann das zu Irritationen oder Ablehnung führen. Es ist wichtig, sich auf angemessene und respektvolle Weise auszudrücken und auch auf die Reaktionen der anderen Person zu achten. Überprüfen Sie Ihre Wortwahl und passen Sie Ihre Sprache der vielleicht neuen Partnerin an. Entschuldigen Sie sich, wenn die Kommunikation daneben gegangen ist.

Mangelnde Körperpflege: Wenn man ungepflegt oder unhygienisch wirkt, kann das abschreckend wirken. Es ist wichtig, auf eine angemessene Körperpflege und Kleidung zu achten, um einen positiven Eindruck zu hinterlassen. Achten Sie darauf, dass Sie immer gut riechen und nicht durch unangenehmen Mundgeruch auffallen.

Zu viel Alkohol: Wenn man zu viel Alkohol trinkt, kann man schnell die Kontrolle über sein Verhalten verlieren und unangemessen oder respektlos auftreten. Es ist wichtig, Alkohol in Maßen zu konsumieren und sich selbst auch bei sozialen Gelegenheiten bewusst zu bleiben. Lassen Sie den Alkohol weg, wenn Sie sich nicht wohl fühlen. Gehen Sie lieber zum Fitness-Training oder reagieren Sie sich bei einem Action-spiel ab.

Natürlich gibt es noch viele andere Gründe, warum es Männern schwerfallen kann, moderne und emanzipierte Frauen anzusprechen. Seien Sie sich bewusst, dass das Ansprechen von Frauen eine Fähigkeit ist, die man lernen und verbessern kann. Dabei kann es hilfreich sein, sich Rat und Unterstützung von Freunden oder Experten zu holen und aus Fehlern zu lernen.

Unsicherheit: Junge Männer sind manchmal unsicher und haben Angst vor Zurückweisung. Sie denken, dass eine Frau sowieso nicht interessiert ist und verzichten deshalb lieber darauf, sie anzusprechen. Manche Männer sind zu aufdringlich und lassen einer Frau keine Luft zum Atmen. Sie wollen sofort Nummern austauschen oder ein Treffen arrangieren, ohne erst ein Gespräch aufzubauen oder die Frau in Ruhe kennen zu lernen. Wenn Sie dieses Buch weiterlesen, werden Sie merken und verstehen, warum solche negativen Verhaltensweisen in der Regel nicht zum Ziel führen.

Vorgefertigte Erwartungen: Manche Männer haben unrealistische Erwartungen an das Aussehen oder das Verhalten einer Frau und sprechen nur Frauen an, die diesen Vorstellungen entsprechen. Dadurch verpassen sie möglicherweise die Chance auf eine schöne Begegnung mit einer Frau, die auf den ersten Blick nicht ihren Vorstellungen entspricht. Ein Gentleman nutzt die Gelegenheiten, die sich ihm bieten, um verschiedene Menschen anzusprechen und interessiert sich für die Andersartigkeit und Schönheit aller Menschen in ihrer jeweiligen Gestalt. Erst der zweite Blick offenbart normalerweise die Attraktivität und Tiefe, die sich hinter einer Person verbirgt.

Aufgesetztes Verhalten: Ein weiterer Fehler vieler Männer ist es, sich zu sehr auf sich selbst zu konzentrieren und die Frau als Objekt der Begierde zu sehen. Dabei vergessen junge Männer oft, dass sie es mit einem Menschen zu tun haben, der eigene Gedanken, Gefühle und Bedürfnisse hat. Viele Männer machen auch den Fehler, sich selbst nicht treu zu bleiben und sich aufgesetzt zu verhalten, um zu gefallen. Dadurch wirken sie nicht authentisch und können das Interesse der Frau nicht aufrechterhalten. Ein junger Gentleman tut gut daran, sich auf ein niveauvolles Verhalten zu konzentrieren, um endlich Erfolg zu haben.

Überheblichkeit: Manche Männer neigen dazu, sich sexistisch oder herablassend über Frauen zu äußern. Dies ist nicht nur respektlos, sondern auch ein absolutes No-Go in jeder Form der Begegnung. Nicht zuletzt sind auch mangelnde soziale Kompetenz und Kommunikationsfähigkeit Gründe dafür, dass junge Männer Schwierigkeiten haben, Frauen anzusprechen. Ohne diese Fähigkeiten ist es schwierig, ein Gespräch aufzubauen und aufrechtzuerhalten, was jedoch für eine erfolgreiche Annäherung unerlässlich ist. Respekt und Kommunikation sind zwei Schlüssel zum Herzen einer Frau. Leider wird dies nicht in jedem Elternhaus vermittelt. Auch der Freundeskreis eines Mannes kann sich negativ auf sein Verhalten auswirken, wenn es in der Gruppe fälschlicherweise als mutig und stark angesehen wird, andere mit Worten herablassend zu behandeln oder zu beleidigen.

Angst vor Zurückweisung: Ein weiterer Grund ist die Angst vieler Männer vor einem Korb oder einer Zurückweisung. Dies kann dazu führen, dass ein Mann sich nicht traut, auf Frauen zuzugehen oder sich unnatürlich verhält, um Ablehnung zu vermeiden. Darüber hinaus kann auch ein Mangel an Selbstvertrauen und Selbstbewusstsein ein Hindernis sein, um Frauen anzusprechen. Wenn man sich nicht sicher fühlt oder das Gefühl hat, nicht gut genug zu sein, kann dies dazu führen, dass man sich zurückzieht und keine Initiative ergreift. Außerdem kann auch ein schlechter Ruf oder ein negativer Ruf in sozialen Kreisen ein Hindernis darstellen, um Frauen ansprechen zu können. Wenn man als uninteressant oder unattraktiv wahrgenommen wird, kann das dazu führen, dass

man von Frauen ignoriert wird. Zuletzt kann auch die Unfähigkeit, Signale von Frauen zu erkennen und darauf angemessen zu reagieren, dazu führen, dass man Schwierigkeiten hat, Frauen anzusprechen. Wenn ein Mann nicht in der Lage ist, Körpersprache und verbale Hinweise von Frauen zu deuten, wird er möglicherweise falsche Entscheidungen treffen und auf Ablehnung treffen.

Patriarchalisches Verhalten: Leider treffen Frauen heute immer noch auf Männer, die eine patriarchalische oder antiquierte Vorstellung von der Welt und dem Status und der Position von Frauen haben. Oft handelt es sich um dabei um Männer, die in irgendeiner Form Macht über andere Menschen haben wollen und diese ausnutzen, um andere Menschen zu erniedrigen. Wenn Sie zu dieser Art von Mann gehören und eine ähnliche Überzeugung haben, wird Ihnen dieses Buch nicht viel bringen. Meist überschreiten diese Männer sowohl beruflich als auch privat die Grenzen des guten Geschmacks und gehen so weit, Frauen im täglichen Leben aktiv zu belästigen. Zu solchen Verhaltensweisen gehören:

- Unangemessene Kommentare oder Bemerkungen über das Aussehen oder den Körper einer Frau
- Unerwünschte Berührungen oder Annäherungsversuche
- Uneindeutiges Verhalten, das dazu führen kann, dass sich die Frau unwohl fühlt oder sich nicht sicher ist, ob der Mann sie belästigt.
- Belästigung über soziale Medien oder Textnachrichten

- Verfolgung oder Stalking
- Drohungen oder Einschüchterungen
- Gewalt und Diskriminierung in jeglicher Form

Das Fazit dieser Belästigungen ist, dass sie sehr schädlich und traumatisch für eine Frau sein können. Frauen, die belästigt werden, fühlen sich verletzt, ängstlich und unsicher. Es kann auch dazu führen, dass Frauen sich in der Öffentlichkeit oder in sozialen Situationen zur Wehr setzen und dabei Opfer von Gewalt werden. Sexuelle Belästigung und Übergriffigkeit sind heute in einer freien Welt absolut inakzeptabel und Frauen haben das Recht, sich überall sicher und respektiert zu fühlen. Solch übergriffiges Verhalten von Männern gegenüber Frauen kann traumatisch sein und negative Auswirkungen auf das Selbstbewusstsein und die psychische Gesundheit der Betroffenen haben.

Es ist wichtig, dass Männer und Gentlemen sich bewusst sind, dass sexuelle Belästigung und Übergriffigkeit inakzeptabel sind und dass sie sich für eine Kultur einsetzen, in der Frauen respektiert und geschützt werden.

Die Situation kann von Seiten der Männer verbessert werden, indem sie sich über ihre eigenen Verhaltensweisen und Grenzen im Klaren sind. Es ist wichtig, dass sie sich bewusst sind, dass Frauen ein Recht auf ein „Nein" haben und dass sie lernen, auf nonverbale Signale zu achten, die ihnen anzeigen können, dass eine Frau sich unwohl fühlt. Wenn ein Mann das Gefühl hat, dass er die Grenzen einer Frau überschritten hat, sollte er sich dafür entschuldigen und sich bemühen, das Verhalten in Zukunft zu ändern. Selbstreflexion ist dabei gefragt.

Männer und Gentlemen können selbst dazu beitragen, dass andere Männer mit Belästigungen dieser Art aufhören, indem sie eingreifen, wenn sie sehen, dass eine Frau in irgendeiner Form belästigt wird. Es ist wichtig, als selbstbewusster Mann und Gentleman das Verhalten anderer Männer zu hinterfragen und deutlich zu machen, dass sexuelle Belästigung und Übergriffe von Ihnen nicht toleriert werden. Viele Männer wissen nicht, dass verbale Angriffe und Beleidigungen für Frauen genauso belästigend sind wie körperliche Übergriffe und verharmlosen solche Vorfälle. Ein Gentleman greift in solchen Situationen ein und verteidigt Personen, die solchen Angriffen ausgesetzt sind, egal wie geringfügig diese sind.

Um diese Dinge zu vermeiden, macht es Sinn, den Weg eines modernen Gentlemans zu gehen und die persönliche Perspektive in die richtige Richtung zu verändern. Wenn Sie es schon als junger Mann schaffen, auf moderne emanzipierte Frauen richtig zuzugehen, öffnet dies auch den Weg für alle anderen Lebensbereiche, ob privater oder beruflicher Natur. Vergessen Sie am besten alles, was mit Respektlosigkeit und mangelnder Wertschätzung gegenüber Frauen zu tun hat oder was Sie in der Vergangenheit von weniger versierten Männern und vielleicht falschen Freunden gelernt haben.

Werden Sie mit Hilfe dieses Buches und einem respektvollen Verhalten gegenüber Frauen und anderen Menschen zum Gentleman mit maximalem Erfolgsfaktor.

Kapitel 01:

Gentleman in der heutigen Zeit

Verstehe, wer du bist: Gentleman in der heutigen Zeit

Was bedeutet es heute, ein Gentleman zu sein? Ist das Konzept des Gentleman veraltet und überholt oder hat es in unserer modernen Welt immer noch einen Platz? Diese Fragen sind von zentraler Bedeutung für jeden Mann, der heute versucht, die Kunst des respektvollen Umgangs mit Frauen zu erlernen.

In diesem Kapitel werden wir uns mit der Definition eines Gentleman und den Eigenschaften, die ihn auszeichnen, beschäftigen. Wir werden auch einige der historischen Wurzeln des Gentleman erkunden und untersuchen, wie sich das Konzept im Laufe der Zeit entwickelt hat. Schließlich werden wir diskutieren, warum es wichtig ist, ein Gentleman zu sein und wie dieses Konzept in der modernen Welt der Gleichberechtigung und der sich ständig verändernden Geschlechterrollen anwendbar ist.

Was ist ein Gentleman?

Ein Gentleman ist eine Person, die sich durch Anstand, Respekt und Würde auszeichnet. Er zeigt Rücksichtnahme gegenüber anderen und hat ein starkes Bewusstsein für Ethik und Moral. Er ist höflich und freundlich zu anderen Menschen, unabhängig von deren sozialer Stellung oder deren Hintergrund.

Gentleman-Verhalten, auch Gentleman-Kultur oder Gentlemen's Agreement genannt, ist eine soziale und kulturelle Praxis, die sich auf die Ideale der Höflichkeit, des Respekts und der Ritterlichkeit zwischen Männern und Frauen konzentriert. Sie entstand etwa im 16. Jahrhundert in England, als adlige Männer bestimmte Verhaltensweisen und Regeln einhielten, um ihren Status und ihr Ansehen zu wahren und sich durch ihr Verhalten positiv vom gemeinen Volk abzuheben.

Damals gab es einen strengen Verhaltenskodex, der den Umgang der Adligen untereinander und mit Frauen regelte. Männer mussten höflich, respektvoll und zurückhaltend sein, sich stets gut benehmen und angemessen kleiden. Der Gentleman hatte auch die Pflicht, sich für das Gemeinwohl einzusetzen und für die Schwachen und Bedürftigen zu sorgen.

Im Laufe der Zeit wandelten sich die Regeln für Gentlemen, wobei die Ideale von Respekt und Ritterlichkeit erhalten

blieben. Im 19. Jahrhundert wurden die Vorstellungen von Höflichkeit und Anstand auf die gesamte Gesellschaft ausgeweitet und waren nicht mehr nur auf den Adel beschränkt. Die Idee des Gentleman wurde zu einer allgemeinen Vorstellung von gutem Benehmen und Anstand für Männer. Gleichzeitig verlor der Begriff durch diese Verallgemeinerung aber auch an Bedeutung.

Die Ideale des Gentleman wurden in der amerikanischen Kultur durch den Begriff des "Southern Gentleman" ausgedrückt. Männer, die als Gentleman galten, öffneten Frauen die Tür, halfen ihnen in den Mantel und verhielten sich allgemein ritterlich, respektvoll und anständig. Es gab auch spezifische Verhaltensregeln und Erwartungen, die von einem Gentleman erwartet wurden, wie zum Beispiel sich immer geschmackvoll und angemessen zu kleiden, egal in welcher Situation.

Heute wird der Begriff Gentleman häufig für Männer verwendet, die höflich, respektvoll und rücksichtsvoll sind, sich traditionell verhalten und ethisch-moralische Werte vertreten. Obwohl viele der alten Regeln der Gentleman-Kultur in der modernen Gesellschaft nicht mehr gelten, sind die Ideale von Respekt und Ritterlichkeit nach wie vor wichtig. Der Gentleman ist einfach zu einem Synonym für einen Mann geworden, der sich selbst und andere mit Anstand, Respekt und Wertschätzung behandelt, egal in welcher Situation.

Für Sie als modernen Gentleman geht es im Prinzip darum, traditionelle und wertschätzende Verhaltensweisen mit den Umgangsformen der Neuzeit zu verbinden. Sie können Frauen immer dann beeindrucken, wenn Sie ihnen durch höfliches und respektvolles Verhalten der alten Zeit Wertschätzung entgegenbringen und gleichzeitig zeigen, dass Sie ein moderner und aufgeschlossener Mann sind, der offen für Veränderungen ist und sich gut anpassen kann.

Ein erstes Beispiel: Anstatt einer Frau bei der ersten Begegnung schnell ein plattes und langweiliges Kompliment zu machen, ist es besser, zunächst Interesse und Wertschätzung zu zeigen, indem man sich einfach höflich und respektvoll vorstellt und sich nach ihrem Namen erkundigt.

„Guten Tag, mein Name ist … Darf ich mich kurz vorstellen?"

Sie stellen sich zunächst mit Ihrem Namen vor und bitten darum, sich vorstellen zu dürfen. Einfacher und respektvoller geht es nicht. Dann warten Sie einfach kurz ab, was die Dame sagt. Nennt die Dame Ihren Namen auch nach kurzem Warten nicht, fragen Sie einfach nach, bevor Sie das Gespräch locker und freundlich fortsetzen. Sie können auch den Einleitungssatz ändern, je nachdem, in welcher Situation Sie sich befinden:

„Guten Tag, mein Name ist … Darf ich Sie etwas fragen?"

Statt direkt nach der Telefonnummer oder einem Date zu fragen, geben Sie der Dame Zeit, Sie kurz kennenzulernen und so ihr Vertrauen zu gewinnen. Wenn Sie sich das als junger Mann nicht so vorstellen können und es Ihnen im Freundeskreis oder bei einer Veranstaltung zu steif ist, ersetzen Sie das „Sie" durch ein lockeres „Du" und probieren Sie es einfach mal aus.

Nichts hören Menschen lieber als ihren Namen. Sprechen Sie die Dame dann unbedingt mit Ihrem Namen an: „Hallo Maria, schön, dich kennen zu lernen". Sie werden sehen, wie leicht der erste Kontakt mit einer fremden Person gelingt, wenn Sie sich während und nach der Begrüßung kultiviert verhalten.

Ein Gentleman zeigt zunächst Interesse an der Frau, indem er sie fragt, was sie gerne macht und was ihr gefällt. Gleichzeitig achtet er darauf, nicht zu aufdringlich zu sein und respektiert ihre Grenzen und ihre Privatsphäre. Er lässt ihr die Freiheit, das Gespräch zu beenden, wenn sie das möchte, und drängt sie nicht zu einer Entscheidung. Mit diesem Verhalten verbindet der junge Mann moderne und alte Werte eines Gentlemans. Er zeigt Respekt, Höflichkeit und Wertschätzung gegenüber der Frau und kommuniziert gleichzeitig auf eine moderne Art und Weise, die den Bedürfnissen und Wünschen junger Frauen in seinem Alter entspricht. Auch in der heutigen Zeit ist es nicht verpönt, sich als junger Mann wie ein Gentleman zu verhalten. Die jungen, emanzipierten Frauen von heute wissen kleine

Gesten des Respekts und der Höflichkeit durchaus zu schätzen:

- Öffnen von Türen: Ein Gentleman hält Frauen die Türen auf, sei es die Tür zum Restaurant oder das Auto. Es zeigt Respekt und Aufmerksamkeit.
- Aufstehen, wenn eine Frau den Raum betritt oder verlässt: Auch wenn es heutzutage nicht mehr so verbreitet ist, kann ein Gentleman dennoch aufstehen, wenn eine Frau den Raum betritt oder verlässt. Es zeigt Wertschätzung und Respekt.
- Komplimente machen: Ein Gentleman kann einer Frau ein Kompliment machen, jedoch auf eine angemessene und respektvolle Weise. Das kann das Selbstbewusstsein der Frau stärken und ihr Interesse wecken.
- Hilfsbereitschaft: Ein Gentleman bietet seine Hilfe an, wenn eine Frau beispielsweise schwere Gegenstände trägt oder Hilfe beim Tragen von Einkaufstüten benötigt. Das zeigt seine Aufmerksamkeit und Höflichkeit.
- Augenkontakt halten: Ein Gentleman schaut einer Frau in die Augen, wenn er mit ihr spricht. Es zeigt Aufmerksamkeit und Interesse an dem, was die Frau sagt.
- Small Talk führen: Ein Gentleman führt Small Talk, um das Eis zu brechen und eine entspannte Atmosphäre zu schaffen. Ein entspannter und humorvoller Einstieg kann helfen, eine Verbindung aufzubauen und eine Frau näher kennenzulernen.
- Körpersprache: Ein Gentleman zeigt eine offene Körpersprache, indem er seine Arme nicht vor dem

Körper verschränkt und aufrecht steht. Es zeigt Selbstbewusstsein und Interesse an der Frau. Er sucht und hält den Blickkontakt. Das zeigt Offenheit und Ehrlichkeit.

- Pünktlichkeit: Ein Gentleman erscheint pünktlich zu Verabredungen, um Respekt für die Zeit und das Engagement der Frau zu zeigen.
- Zuhören: Ein Gentleman hört aktiv zu, wenn eine Frau mit ihm spricht. Es zeigt, dass er ihr Aufmerksamkeit schenkt und sich für sie interessiert und sich nicht zu sehr selbst in den Vordergrund drängt.
- Höflichkeit gegenüber anderen: Ein Gentleman behandelt alle Menschen mit Respekt und Höflichkeit, unabhängig von Geschlecht oder sozialem Status. Das zeigt eine gute Erziehung und eine positive Grundhaltung.
- Tischmanieren: Ein Gentleman zeigt gute Tischmanieren, indem er beispielsweise nicht mit vollem Mund spricht und Besteck korrekt benutzt. Das zeigt Respekt.
- Geschenke machen: Ein Gentleman kann einer Frau kleine Geschenke machen, die ihre Interessen und Persönlichkeit widerspiegeln. Es zeigt, dass er ihre Vorlieben kennt und sich im Vorfeld Gedanken macht.

Zusätzlich zu diesen alltäglichen Praktiken können Männer auch an speziellen Ereignissen wie Geburtstagen oder Jahrestagen besondere Aufmerksamkeit für eine Frau zeigen, indem sie beispielsweise ein romantisches

Abendessen oder eine Überraschung planen. Es geht für den Gentleman immer darum, sich Zeit zu nehmen, um einer Frau zu zeigen, dass man sie schätzt und sich um sie kümmert. Wichtig dabei ist, dass das Verhalten authentisch und nicht aufgesetzt wirkt.

Warum sollte sich ein Gentleman sein ganzes Leben lang weiterentwickeln?

Ein Gentleman ist nicht nur eine Person mit guten Manieren, sondern auch eine Person mit moralischen Werten und Prinzipien, die auf Respekt, Verantwortung und Empathie basieren. In der heutigen Gesellschaft gibt es ständig Veränderungen und neue Herausforderungen, auf die ein Gentleman reagieren und sich anpassen muss, um seine moralischen Prinzipien aufrechtzuerhalten und in Einklang mit den Werten der Gesellschaft zu bleiben. Ein Gentleman muss sich kontinuierlich weiterentwickeln und seine Fähigkeiten und Kenntnisse verbessern, um in einer sich ständig verändernden Welt erfolgreich zu sein. Er muss sich auch an neue Technologien und Trends anpassen und lernen, wie man sie effektiv einsetzt, um seinen Zielen und Verpflichtungen gerecht zu werden.

Darüber hinaus kann eine kontinuierliche persönliche Entwicklung einem Gentleman helfen, sich selbst zu verbessern, um ein erfüllteres und glücklicheres Leben zu führen. Indem er sich auf sein eigenes Wachstum und seine Entwicklung konzentriert, kann er sich selbst verbessern und seinen Beziehungen zu anderen Menschen, seiner Karriere und seinem allgemeinen Wohlbefinden mehr Qualität verleihen.

Sich als Gentleman in einer modernen Welt zurechtzufinden, ist nicht schwer, wenn man die sozialen Medien für sich einsetzt und sich dort auch als Mann mit Stil, Herz und Verstand präsentiert.

Dazu eine kleine Geschichte: Timo war auf einer Party und sah dort eine junge Frau, die er gerne kennenlernen wollte. Sie hatten einen kurzen Blickkontakt und sie lächelte ihn an. Timo war fasziniert von ihrer Ausstrahlung und lächelte zurück, war aber zu schüchtern, um sie anzusprechen. Am nächsten Tag dachte er immer noch an die junge Frau und beschloss, sie auf einem modernen Weg zu kontaktieren. Nach langer Suche fand er sie über befreundete Accounts auf Instagram und folgte ihr. Sie folgte ihm zurück, und er sah sich ihre Fotos an und mochte die Art, wie sie sich dort präsentierte. Dann schickte er ihr eine Nachricht: „Hey, ich hoffe, ich störe dich nicht. Ich habe dich gestern Abend auf der Party gesehen und ich muss sagen, du hast mir mit deinem Lächeln den Kopf verdreht. Möchtest du vielleicht einen Kaffee mit mir trinken gehen?" Die junge Frau war überrascht und fühlte sich geschmeichelt. Sie erinnerte sich sofort an Timo und mochte seine mutige und moderne Art, sie anzusprechen. Sie antwortete: „Hey, danke für deine Nachricht. Ich würde gerne einen Kaffee mit dir trinken gehen. Wie wäre es morgen um 11 Uhr im Cafe Central?" Timo antwortete: „Klingt gut, ich freue mich auf dich." Sie tauschten Nummern aus, um sich zu verabreden. Am nächsten Tag trafen sich Timo und die junge Frau im Cafe Central. Sie unterhielten sich stundenlang, lachten viel und hatten eine tolle Zeit. Natalie, so hieß die junge Frau, fand es erfrischend, dass Timo so modern auf sie zugegangen war und sie so locker und natürlich miteinander umgehen konnten. Am Ende des Tages verabredeten sie sich zu einem weiteren Treffen und Timo wusste, dass er Natalie noch besser kennen lernen wollte. Er hatte erfolgreich bewiesen, dass man als moderner Gentleman bei der ersten Kontaktaufnahme durchaus erfolgreich sein kann.

Der respektvolle Umgang mit Frauen

Ein Gentleman zeichnet sich nicht nur dadurch aus, dass er Frauen höflich und respektvoll behandelt, sondern auch, dass er ihnen auf Augenhöhe begegnet. Frauen sind keine Objekte, die erobert werden müssen, sondern Menschen mit eigenen Wünschen, Bedürfnissen und Zielen. Deshalb ist es wichtig, dass ein Gentleman sich nicht nur für das Äußere einer Frau interessiert, sondern auch für ihre Persönlichkeit und ihre Interessen.

Die meisten Frauen fühlen sich von Männern angezogen, die ihnen auf Augenhöhe begegnen und sie nicht herabwürdigen oder unterdrücken. Ein respektvoller Umgang mit Frauen bedeutet auch, dass man ihre Meinung ernst nimmt und ihre Entscheidungen respektiert. Das gilt insbesondere dann, wenn es um wichtige Dinge wie Karriere, Familie oder Lebensentwürfe geht.

Ein weiterer wichtiger Aspekt im Umgang mit Frauen ist es, sie nicht zu belästigen oder zu bedrängen. Ein Gentleman weiß, dass „Nein" auch „Nein" bedeutet und respektiert die Grenzen einer Frau. Das gilt nicht nur im privaten Umfeld, sondern auch im öffentlichen Raum und im Arbeitsleben.

Eine Geschichte dazu: Max arbeitet in einer großen Firma und hat eine neue Kollegin namens Lisa kennengelernt. Er findet sie sehr attraktiv und möchte gerne mehr Zeit mit ihr verbringen. Doch er weiß auch, dass es wichtig ist, sie nicht zu bedrängen oder zu belästigen. Deshalb sucht er das Gespräch mit ihr auf Augenhöhe und zeigt Interesse an ihrer Arbeit und ihren Interessen. Er fragt sie, ob sie Lust hat, mal gemeinsam Mittag zu essen oder nach der Arbeit einen Drink zu nehmen. Doch als Lisa höflich ablehnt, respektiert er ihre Entscheidung und lässt sie in Ruhe. Max zeigt damit, dass er Lisa nicht nur als Objekt betrachtet, sondern als eigenständige Persönlichkeit wahrnimmt und ihre Entscheidungen akzeptiert. Dadurch entsteht eine Atmosphäre des Vertrauens und der gegenseitigen Achtung, die eine gute

Basis für eine respektvolle und harmonische Zusammenarbeit bildet. Auch wenn Lisa ein Treffen zunächst abgelehnt hat, besteht so vielleicht mit etwas Geduld dennoch eine Chance, Lisa später einmal besser kennenzulernen.

Das erste Treffen

Wenn Sie ein erstes Treffen mit einer jungen, emanzipierten Frau haben, ist es wichtig, respektvoll und aufmerksam zu sein. Hier sind erste Empfehlungen, die Ihnen helfen können, in unterschiedlichen Situationen respektvoll zu agieren.

Hören Sie aufmerksam zu: Stellen Sie sicher, dass Sie der Frau Ihre volle Aufmerksamkeit schenken und sie nicht unterbrechen. Wenn Sie sich auf ihre Worte konzentrieren, können Sie eine tiefere Verbindung herstellen und zeigen, dass Sie ihr Respekt entgegenbringen.

Beispiel: Sie treffen sich zum ersten Mal mit einer Frau, die Sie in einem Online-Chat kennengelernt haben. Sie hören aufmerksam zu, wenn sie über ihre Hobbys und Interessen spricht und stellen gezielte Fragen, um mehr darüber zu erfahren.

Seien Sie höflich und zuvorkommend: Halten Sie ihr die Tür auf und ziehen Sie ihr im Restaurant oder Café den Stuhl zurück. Helfen Sie ihr in den Mantel. Kleine Gesten wie diese können dazu beitragen, dass sich eine Frau geschätzt und respektiert fühlt.

Beispiel: Sie gehen zusammen ins Kino und halten ihr die Tür auf. Wenn sie etwas fallen lässt, bücken Sie sich, um ihr zu helfen, es aufzuheben.

Achten Sie auf ihre Körpersprache: Lesen Sie ihre Körpersprache, um zu sehen, ob sie sich wohl fühlt oder ob etwas nicht stimmt. Seien Sie aufmerksam und reagieren Sie entsprechend.

Beispiel: Während eines Dates kann es vorkommen, dass die Frau nervös ist und sich unwohl fühlt. Wenn sie sich unruhig verhält oder zurückhaltender wird, versuchen Sie, ihre Bedürfnisse zu verstehen und reagieren Sie entsprechend. Wenn sie zum Beispiel sagt, dass sie gerne gehen würde, dann akzeptieren Sie dies und beenden das Date.

Vermeiden Sie stereotype Rollenbilder: Vermeiden Sie es, Frauen als das schwächere Geschlecht oder als Objekte zu betrachten. Zeigen Sie Respekt für ihre Unabhängigkeit und Gleichberechtigung.

Beispiel: Wenn Sie über Karrierepläne sprechen, lassen Sie nicht durchscheinen, dass Sie vielleicht denken, dass Frauen weniger geeignet für bestimmte Berufe sind. Achten

Sie darauf, keine stereotype Sprache oder Aussagen zu verwenden.

Vermeiden Sie sexistische Sprache: Verwenden Sie keine abwertenden Begriffe für Frauen oder sprechen Sie sie nicht auf eine Weise an, die sie unbehaglich fühlen lässt. Verwenden Sie eine solche Sprache auch nicht im Freundeskreis unter Männern.

Beispiel: Vermeiden Sie zu Beginn des Kennenlernerns Begriffe wie „Süße" oder „Schatz" oder sprechen Sie nicht in einem herablassenden Tonfall. Versuchen Sie, eine freundliche und respektvolle Sprache zu verwenden. In einer späteren Beziehung können Koseworte dieser Art eine andere Bedeutung bekommen. Beim ersten Kennenlernen sind sie absolut tabu.

Seien Sie respektvoll und höflich: Vermeiden Sie es, zu aggressiv oder aufdringlich zu sein. Behandeln Sie die Frau so, wie Sie selbst behandelt werden möchten.

Beispiel: Wenn Sie bemerken, dass die Frau nicht interessiert ist, respektieren Sie das und drängen Sie sie nicht. Versuchen Sie, höflich und respektvoll zu sein, auch wenn Sie abgelehnt werden. Entschuldigen Sie sich lieber einmal zu viel.

Insgesamt geht es als Gentleman darum, ein Bewusstein für die Bedürfnisse und Wünsche der Frau zu entwickeln, mit der Sie ein erstes oder zweites Treffen haben. Seien Sie einfühlsam und respektvoll und vermeiden Sie stereotype Rollenbilder und sexistische Sprache. Indem Sie aufmerksam zuhören und höfliche Gesten machen, zeigen Sie ihr, dass Sie sie schätzen und ihr gegenüber respektvoll sind. Das wertet Sie als Mann keineswegs ab. Junge Männer glauben manchmal aufgrund einer falscher Erziehung oder dem Zugehörigkeitsgefühl zu einem falschen Freundeskreis, das ein respektvolles Verhalten gegenüber Frauen ein Zeichen von Schwäche ist. Ältere Männer mit Erfahrung und Intelligenz wissen, dass dies keineswegs der Fall ist.

Es ist wichtig zu betonen, dass Respekt keine Einbahnstraße ist. Sie sollten erwarten, dass die Frau Ihnen ebenfalls Respekt entgegenbringt und Sie als gleichwertigen Partner betrachtet. Nur so kann eine gesunde Beziehung entstehen, in der beide Seiten respektvoll miteinander umgehen. Es gibt keine feste Regel, wie Sie Respekt zeigen sollten. Jede Frau ist einzigartig und es ist wichtig, auf ihre individuellen Bedürfnisse und Wünsche einzugehen. Wenn Sie von sich aus respektvoll und aufmerksam sind, werden Sie jedoch in den meisten Fällen den richtigen Ton treffen. Je offener und kreativer Sie Ihrer Gesprächspartnerin begegnen, je eher können Sie mit Ihrer Persönlichkeit und mit Ihrer männlichen Stärke punkten.

Eine positive Einstellung

Eine positive Einstellung kann den Unterschied zwischen Erfolg und Misserfolg ausmachen, insbesondere wenn es darum geht, eine Frau im ersten Date anzusprechen. Viele Männer haben Schwierigkeiten damit, eine Frau anzusprechen, weil sie sich zu sehr auf ihre Ängste und Unsicherheiten konzentrieren. Das kann dazu führen, dass sie unbeholfen oder nervös wirken und somit einen schlechten Eindruck machen.

Ein unkonventionelles Beispiel, das zeigt, wie wichtig eine positive Einstellung ist, ist das Spiel „Red Light, Green Light".

In diesem Spiel gibt es einen Anführer, der die Regeln bestimmt. Die anderen Spieler müssen auf die Anweisungen des Anführers hören und versuchen, so schnell wie möglich das Ziel zu erreichen. Wenn der Anführer „Red Light" sagt, müssen alle Spieler sofort stehen bleiben. Wenn er „Green Light" sagt, dürfen sie wieder weitergehen. Nun stelle man sich vor, dass man bei diesem Spiel unbedingt gewinnen möchte und sich selbst als den besten Spieler sieht. Wenn man jedoch den Anführer nicht mag oder ihm nicht vertraut, wird man wahrscheinlich nicht auf seine Anweisungen hören und somit das Spiel verlieren. Aber wenn man eine positive Einstellung hat und dem Anführer vertraut, wird man ihm folgen und somit eine größere Chance haben, das Spiel zu gewinnen.

Übertragen wir das nun auf das Ansprechen einer Frau: Wenn man eine Frau ansprechen möchte, aber eine negative Einstellung hat oder nicht an sich selbst glaubt, wird das auf die Frau übertragen und sie wird wahrscheinlich das Interesse verlieren oder sich unwohl fühlen. Wenn man jedoch eine positive Einstellung hat, sich selbst vertraut und selbstbewusst auftritt, wird die Frau wahrscheinlich offener sein und man hat eine größere Chance, ein erfolgreiches Gespräch zu führen.

Es ist wichtig, sich bewusst zu machen, dass die Einstellung, die man hat, sich auf das Verhalten und die Reaktionen anderer auswirken kann. Eine positive Einstellung kann zu einem erfolgreichen und angenehmen Gespräch führen, während eine negative Einstellung das Gespräch schnell in eine unangenehme Richtung lenken kann.

Hier gilt: Wer an Verlieren denkt, wird verlieren. Das klingt vielleicht zu trivial, beschreibt aber sehr gut, was Menschen oder Männer sich selbst antun. Schon bevor etwas eingetreten ist, denken Sie daran, das es nicht gut ausgehen wird. Damit programmieren Sie sich selbst in ihrem Gehirn oder neurolinguistisch gesehen auf Negativität. Wer mit dieser Negativität in ein Date geht, strahlt das auch aus und verliert schon vorher sein

Selbstbewusstein. Ein Gentleman hingegen glaubt an seine Fähigkeiten und geht davon aus, dass ein erstes Date positiv verläuft.

Eine positive Einstellung ist nicht nur wichtig beim Spielen, sondern auch im täglichen Leben, insbesondere wenn es darum geht, eine Frau anzusprechen. Eine positive Einstellung kann zu mehr Selbstvertrauen und Erfolg führen und somit zu einer positiven Erfahrung für beide Seiten im ersten Date und in der weiteren Beziehung beitragen.

Kapitel 02:

Das richtige Mindset

Selbstbewusstsein aufbauen – Ängste überwinden

Im ersten Kapitel haben wir besprochen, wie wichtig es ist, eine positive Einstellung zum Ansprechen von Frauen zu haben und sich wie ein Gentleman zu benehmen. Nun wollen wir uns genauer anschauen, wie Sie ein starkes Selbstbewusstsein aufbauen und Ängste überwinden können, die Sie daran hindern, Frauen anzusprechen.

Viele Männer fühlen sich unsicher oder haben Angst davor, eine Frau anzusprechen. Diese Ängste können vielfältig sein, wie zum Beispiel Angst vor Zurückweisung, Angst davor, etwas Falsches zu sagen oder Angst davor, als uninteressant oder unattraktiv abgestempelt zu werden. Diese Ängste können dazu führen, dass Männer sich zurückziehen und nicht die Chance nutzen, eine potenzielle Partnerin kennenzulernen.

Um diese Ängste zu überwinden, ist es wichtig, an Ihrem Selbstbewusstsein zu arbeiten. Selbstbewusstsein bedeutet psychologisch gesehen, dass Sie sich selbst und Ihre Fähigkeiten schätzen und sich Ihrer eigenen Stärken und Schwächen bewusst sind. Wenn Sie ein starkes Selbstbewusstsein haben, fühlen Sie sich in Ihrer eigenen Haut wohl und haben weniger Angst davor, Fehler zu machen oder abgelehnt zu werden.

Eine Möglichkeit, um Selbstbewusstsein aufzubauen, ist, sich auf Ihre Erfolge zu konzentrieren und sich daran zu erinnern, was Sie bereits erreicht haben. Machen Sie sich bewusst, welche Fähigkeiten und Eigenschaften Sie besitzen und was Sie bereits in Ihrem Leben erreicht haben. Konzentrieren Sie sich auf Ihre Stärken und arbeiten Sie daran, diese weiter auszubauen.

Ein weiterer wichtiger Punkt ist, Ihre Ängste anzugehen und herauszufinden, woher sie kommen. Stellen Sie sich Ihren Ängsten und hinterfragen Sie, ob sie wirklich begründet sind oder ob es sich um unbegründete Sorgen handelt. Wenn Sie Ihre Ängste genauer betrachten, können Sie lernen, sie zu kontrollieren und sie gezielt anzugehen.

Ein Beispiel: Stellen Sie sich vor, Sie haben eine Frau kennengelernt, die Ihnen wirklich gefällt, aber Sie haben Angst davor, sie anzusprechen, weil Sie befürchten, dass sie Sie ablehnen wird. Anstatt sich von dieser Angst lähmen zu lassen, sollten Sie sich fragen, ob diese Angst wirklich begründet ist. Haben Sie bereits Erfahrungen gemacht, in denen Frauen Sie abgelehnt haben, oder ist es einfach nur eine unbegründete Sorge?

Indem Sie sich diesen Ängsten stellen und sie überwinden, können Sie Ihre Selbstsicherheit stärken und Ihre Chancen erhöhen, eine Frau kennenzulernen und eine Beziehung aufzubauen. Merken Sie sich: Es ist völlig normal, Ängste und Unsicherheiten zu haben, aber es ist wichtig, dass Sie lernen, sie zu überwinden und Ihr Selbstbewusstsein aufzubauen.

Bei einer respektvollen Kontaktaufnahme und mit einer stilvollen Gesprächskultur und gedanklicher Vorbereitung, wie in diesem Buch beschrieben, werden Sie feststellen, dass Sie Ihre Ängste und Nervosität zu Beginn eines Dates sehr schnell überwinden können. Als Gentleman mit einem entsprechenden Vorgehen und einer positiven Haltung können Sie überhaupt nichts falsch machen.

In einem anderen Zusammenhang kann das Thema der respektvollen Kontaktaufnahme auch für Ihr berufliches Umfeld relevant sein. Vielleicht haben Sie Interesse an einem Networking-Event teilzunehmen oder eine Veranstaltung zu besuchen, um potenzielle Geschäftspartner oder Kunden kennenzulernen. Auch hier ist es wichtig, sich angemessen zu verhalten und die richtigen Schritte zu unternehmen, um eine erfolgreiche Verbindung aufzubauen. Bereiten Sie sich positiv darauf vor. Beginnen Sie damit, sich über das Event und die teilnehmenden Personen zu informieren. Überlegen Sie sich, welche Personen für Ihr Unternehmen oder Ihre Karriere von Vorteil sein könnten und welche Ziele Sie verfolgen möchten. Eine gezielte Vorbereitung und Planung kann dabei helfen, sich selbstbewusster zu fühlen und das Risiko von peinlichen Situationen zu minimieren.

Wenn Sie jemanden ansprechen möchten, gehen Sie mit Respekt und Professionalität vor. Stellen Sie sich wie bereits beschrieben vor und erläutern Sie kurz, wer Sie sind und was Sie tun. Wenn Sie Visitenkarten dabei haben, überreichen Sie diese in Verbindung mit Ihrer Vorstellung. Vermeiden Sie es, sofort mit Ihrem Anliegen herauszurücken, sondern stellen Sie stattdessen Fragen und hören Sie aktiv zu, um mehr über die Interessen und Bedürfnisse Ihres Gesprächspartners oder Ihrer Gesprächspartnerin zu erfahren. Wenn Sie merken, dass Sie auf einer Wellenlänge sind und gemeinsame Interessen oder Ziele haben, können Sie das Gespräch vertiefen und weitere Schritte in Richtung einer erfolgreichen Geschäftsbeziehung unternehmen. Denken Sie daran, dass eine respektvolle und professionelle Kontaktaufnahme auch hier wieder der Schlüssel zum Erfolg ist.

Ein Beispiel für eine erfolgreiche Kontaktaufnahme auf einer Messe könnte wie folgt aussehen: Sie treffen auf eine Frau, die in einem Unternehmen arbeitet, das potenziell von Ihren Produkten oder Dienstleistungen profitieren könnte. Sie beginnen das Gespräch mit einer freundlichen Begrüßung und stellen sich vor. Anstatt sofort von Ihrem Unternehmen zu sprechen, fragen Sie die Frau nach ihrem Werdegang und ihren Interessen. Sie entdecken, dass sie sich für nachhaltige Technologie interessiert, was zufällig ein Schwerpunkt Ihres Unternehmens ist. Sie können nun das Gespräch in diese Richtung lenken und herausfinden, ob es eine Möglichkeit gibt, in Zukunft zusammenzuarbeiten. Am Ende des Gesprächs tauschen Sie Visitenkarten aus und verabschieden sich höflich, mit dem Versprechen, in Kontakt zu bleiben.

Hier geht es für einen Gentleman also nicht nur um die respektvolle Kontaktaufnahme im romantischen Kontext, sondern auch im beruflichen Umfeld. Egal, in welcher Situation Sie sich befinden, ist es wichtig, mit Respekt und Professionalität vorzugehen und auf die Bedürfnisse und Interessen Ihrer Gesprächspartner einzugehen. Insbesondere, wenn Sie auf eine interessante und attrative Frau treffen, die Ihnen gefällt und Sie beeindruckt. Es könnte Liebe daraus werden.

Selbstbewusstein und seine Verstärkung

Selbstbewusstsein bezieht sich auf das Vertrauen, das Sie in Ihre Person in ihre eigenen Fähigkeiten und in Bezug auf ihr Selbstbild haben. Es ist wichtiger Bestandteil psychologischer Gesundheit und kann einem Mann helfen, erfolgreicher im Umgang mit Frauen und in anderen Bereichen seines Lebens zu sein.

Wichtige Kernpunkte von Selbstbewusstsein sind:

Positive Selbstwahrnehmung: Eine positive Einstellung gegenüber sich selbst und die Fähigkeit, die eigenen Stärken zu erkennen und zu schätzen, ist ein wichtiger Bestandteil von Selbstbewusstsein. Ein Mann und Gentleman sollte sich selbst akzeptieren und auf seine positiven Eigenschaften und Leistungen fokussieren.

Sich selbst kennen: Ein Mann und Gentleman sollte sich selbst gut kennen und verstehen, was ihn motiviert und was seine Ziele im Leben sind. Durch das Verständnis seiner eigenen Werte und Ziele kann er Selbstvertrauen aufbauen und eine klare Vorstellung davon haben, wer er ist und was er will.

Selbstakzeptanz: Selbstakzeptanz bezieht sich auf die Fähigkeit, sich selbst zu akzeptieren, auch wenn man nicht perfekt ist. Ein Mann und Gentleman sollte sich selbst nicht ständig kritisieren oder übermäßig selbstkritisch sein, sondern vielmehr seine Schwächen akzeptieren und an ihnen arbeiten.

Selbstvertrauen: Selbstvertrauen bezieht sich auf die Fähigkeit, sich selbst zu vertrauen und in schwierigen

Situationen zu handeln. Ein Mann und Gentleman sollte lernen, auf sein Bauchgefühl zu vertrauen und Entscheidungen zu treffen, die auf seinen eigenen Überzeugungen und Werten basieren.

Sich selbst herausfordern: Ein Mann und Gentleman sollte sich selbst herausfordern und sich immer wieder neuen Herausforderungen stellen, um sein Selbstvertrauen und seine Fähigkeiten zu stärken. Durch das Überwinden von Ängsten und die damit verbundenen Effekte wird das Selbstvertrauen gestärkt.

Körperhaltung und Körpersprache: Es ist wichtig, sich seiner Körperhaltung und Körpersprache bewusst zu sein und im Gespräch darauf zu achten, eine offene und selbstbewusste Körperhaltung an den Tag zu legen. Dazu gehört insbesondere der Blickkontakt während eines Gespräches.

Selbstbewusstsein ist ein wichtiger psychologischer Zustand, der sich durch eine positive Selbstwahrnehmung und Selbstakzeptanz auszeichnet. Um das Selbstbewusstsein zu stärken und zu verbessern, gibt es mehrere Möglichkeiten, wie zum Beispiel, sich selbst zu akzeptieren und seine Stärken und Schwächen zu kennen. Es geht darum, eine realistische Selbstwahrnehmung zu haben, sich seiner eigenen Werte und Überzeugungen bewusst zu sein und für diese einzustehen. Es ist wichtig, Selbstvertrauen zu entwickeln, indem man positive

Erfahrungen sammelt und sich Herausforderungen stellt, sich der eigenen Körperhaltung und Körpersprache bewusst ist und darauf achtet, eine offene und selbstbewusste Körperhaltung zu haben. Sich Zeit für Selbstpflege und Selbstfürsorge zu nehmen, um sich körperlich und geistig fit zu halten, gehört sicher auch dazu.

Wenn es um das Ansprechen einer Frau im ersten Date geht, kann Selbstbewusstsein sehr hilfreich sein, um einen guten Eindruck zu hinterlassen und eine positive Interaktion aufzubauen. Besonders wichtig ist dabei der Blickkontakt. Blickkontakt ist eine entscheidende nonverbale Form der Kommunikation und kann dazu beitragen, Vertrauen aufzubauen und eine Verbindung herzustellen. Schauen Sie der Frau beim Date und im Gespräch in die Augen.

Es ist wichtig, einen angemessenen Blickkontakt aufrechtzuerhalten, ohne aufdringlich zu wirken. Um einen angemessenen Blickkontakt herzustellen, ist es wichtig, den Blickkontakt zu halten, aber auch gelegentlich den Blick zu unterbrechen, um nicht zu aufdringlich zu wirken. Es ist auch wichtig, den Blickkontakt zu nutzen, um Interesse und Aufmerksamkeit zu zeigen, indem man die Augen der Person fixiert und gleichzeitig lächelt. Ein selbstbewusster Mann kann durch seinen Blickkontakt und seine Körpersprache ein Gefühl der Sicherheit und des Vertrauens vermitteln, was zu einer positiven Interaktion beitragen kann.

Selbstbewusstsein ist ein wichtiger Bestandteil bei der Interaktion mit Frauen und kann Ihnen dabei helfen, einen guten Eindruck zu hinterlassen und eine Verbindung zu der Frau Ihres Herzens aufzubauen.

Als selbstbewusster Mann sollten Sie dabei auch auf eine angemessene Körperhaltung in Verbindung mit dem Blickkontakt achten, um eine positive nonverbale Kommunikation herzustellen und Interesse und Aufmerksamkeit zu zeigen. Es ist jedoch auch notwendig, authentisch zu bleiben und aufmerksam zuzuhören, um eine tiefere Verbindung aufzubauen.

Aufgesetztes Selbstbewusstsein ist schädlich

Aufgesetztes Selbstbewusstsein kann in diesem Zusammenhang schädlich sein, weil es oft als unnatürlich oder unehrlich wirkt. Es kann dazu führen, dass eine Person versucht, sich selbst als selbstbewusster darzustellen, als sie tatsächlich ist, indem sie ihre Körperhaltung oder ihre Stimme manipuliert oder versucht, selbstbewusst klingende Worte zu verwenden. Wenn dies jedoch nicht authentisch oder natürlich ist, kann es dazu führen, dass die Person inauthentisch oder unaufrichtig wirkt, was das Vertrauen und die Verbindung zwischen den beiden Personen beeinträchtigen kann. Zusätzlich kann aufgesetztes Selbstbewusstsein auch dazu führen, dass eine Person übermäßig selbstzentriert ist und sich nur auf sich selbst und die eigenen Bedürfnisse konzentriert, anstatt auf die Bedürfnisse und Wünsche der anderen Person im Gespräch einzugehen. Dies kann dazu führen, dass die andere Person das Gefühl hat, nicht gehört oder nicht respektiert zu werden, was ebenfalls zu einem negativen Eindruck führen kann.

Daher ist es wichtig, dass Selbstbewusstsein authentisch und natürlich ist und nicht aufgesetzt oder unnatürlich wirkt. Ein Mann sollte daran arbeiten, sein Selbstbewusstsein auf eine natürliche und authentische Weise zu entwickeln, indem er sich auf seine Stärken konzentriert, Herausforderungen annimmt und seine Körperhaltung und Körpersprache verbessert. Wenn er authentisch und selbstbewusst ist, wird er ein positives und selbstsicheres Verhalten ausstrahlen, das Vertrauen und Respekt bei der Frau aufbauen kann. Junge Männer, die sich schon früh mit dieser Thematik beschäftigen, wirken bereits in jungen Jahren reif und erwachsen und vermitteln einer Frau das Gefühl, sich ohne Bedenken anlehnen zu können.

Hierzu eine kleine romantische Geschichte: Es war ein sonniger Tag in der Stadt, als Max, ein junger Mann von außergewöhnlicher Intelligenz und Kreativität, sich auf sein erstes Date mit Emily vorbereitete. Er wusste, dass es wichtig war, sie mit seinem Selbstbewusstsein und seinen einzigartigen Ideen zu beeindrucken, also hatte er lange darüber nachgedacht, was er tun könnte. Sie trafen sich in einem Park, umgeben von hohen Gebäuden und dem Trubel der Stadt. Max und Emily unterhielten sich über ihre Interessen und Träume, und er bemerkte schnell, dass Emily von Kunst und Musik begeistert war. Er hatte eine Idee und schlug vor, eine Straßenkünstler-Show zu besuchen. Auf dem Weg dorthin diskutierten sie die Vielfalt der Kunst und den Einfluss von Musik auf die menschliche Seele. Max merkte schnell, dass er in Emily eine Person gefunden hatte, die ebenso reflektiert und intellektuell war wie er selbst. Als sie die Show erreichten, war die Menge groß und die Plätze auf den aufgestellten Stühlen in der ersten Reihe waren bereits besetzt. Aber Max war darauf vorbereitet und zog eine Decke aus seinem Rucksack, auf der sie sich in der ersten Reihe neben den Stühlen hinsetzen konnten. Er hatte auch zwei Gläser und eine Flasche Sekt in seinem Rucksack, um die Stimmung bis zum Beginn der Show mit lockerem Small Talk aufzulockern. Emily war beeindruckt von seinem Selbstbewusstsein und seiner Fähigkeit, vorbereitet zu sein und das Beste aus dieser Situation zu machen. Während der Show begannen sie, sich näher zu kommen. Max fühlte sich selbstbewusst und zeigte Interesse an Emilys Meinungen und Interessen. Er stellte kluge Fragen und hörte aufmerksam zu, um zu zeigen, dass er wirklich an ihrer Person interessiert war. Nach der Show lud Max Emily zu einem romantischen Abendessen in einem gemütlichen Restaurant ein. Sie genossen die köstlichen Speisen und hatten eine großartige Zeit miteinander. Als das Essen zu Ende war, nahm Max Emilys Hand und sagte: „Emily, ich habe heute Abend eine großartige Zeit mit dir verbracht und ich würde gerne mehr Zeit mit dir verbringen. Ich denke, dass wir gut zusammenpassen und ich würde dich gerne wiedersehen. Würdest du gerne meine Freundin sein?" Emily war gerührt von Max Intelligenz, Selbstbewusstsein und seiner Kreativität. Sie erwiderte seinen Blick und sagte ja. Sie wussten beide, dass sie eine wunderbare Beziehung begonnen hatten, die auf gemeinsamen Interessen begründet war. Das natürliche Selbstbewusstein von Max und die gute Vorbereitung waren Gründe dafür und schufen eine perfekte Ausgangslage für eine beginnende Liebesbeziehung.

Kapitel 03:

Die Kunst des Small Talks

Wie man eine kurzweilige Kommunikation aufbaut

Der erste Eindruck zählt, und oft entscheidet sich innerhalb von Sekunden, ob man eine Person sympathisch findet oder nicht. Beim ersten Treffen mit einer Frau kann Small Talk eine wichtige Rolle spielen, um die Stimmung aufzulockern und eine angenehme Atmosphäre zu schaffen. Small Talk kann dazu beitragen, Gemeinsamkeiten zu entdecken, Interessen auszutauschen und das Eis zu brechen. Doch wie geht man am besten vor, wenn man eine Frau das erste Mal trifft und Small Talk erfolgreich anwenden möchte? Wie kann man Themen finden, über die man sprechen kann, ohne unpassend oder aufdringlich zu wirken? Wann geht man vom Small Talk zu anderen Themen über?

In diesem Kapitel werden wir uns damit befassen, wie man Small Talk beim ersten Treffen mit einer Frau aufbauen kann. Wir werden Tipps und Tricks vorstellen, wie man das

Gespräch in Gang bringt, wie man eine angenehme Gesprächsatmosphäre schafft und wie man interessante Themen findet, über die man sprechen kann. Wir werden später auch darauf eingehen, wie man auf die Körpersprache der Frau achten kann, um herauszufinden, ob sie Interesse an einem Gespräch hat oder nicht.

Guter Small Talk ist eine Kunst

Ob beim ersten Date oder einem anderen Treffen, die Kunst des Small Talks kann entscheidend sein, um eine gute Basis für eine angenehme Unterhaltung und vielleicht sogar für eine Beziehung zu schaffen. Small Talk ist eine Kunst, die oft unterschätzt wird. Doch gerade beim ersten Treffen mit einer Frau kann Small Talk entscheidend sein, um einen guten Eindruck zu machen und eine positive Atmosphäre zu schaffen. Hier sind einige Tipps, wie Sie Small Talk erfolgreich gestalten können:

Lassen Sie die Frau sprechen: Small Talk ist ein Mittel, um Vertrauen aufzubauen und eine angenehme Atmosphäre zu schaffen. Um dies zu erreichen, sollten Sie die Frau ermutigen, über sich selbst zu sprechen. Stellen Sie offene Fragen, die Raum für eine ausführliche Antwort lassen. Zeigen Sie Interesse an ihren Antworten und hören Sie aktiv zu. Achten Sie darauf, nicht zu viel über sich selbst zu sprechen und geben Sie der Frau Raum, um Ihnen mitzuteilen, was ihr wichtig ist. Stellen Sie während des

Gespräches weitere vertiefende Fragen zu den Themen, an denen die Frau Interesse zeigt.

Finden Sie Gemeinsamkeiten: Eine gute Möglichkeit, um das Eis zu brechen, ist es, Gemeinsamkeiten zu finden. Fragen Sie nach Hobbys, Interessen oder Lieblingsfilmen und finden Sie heraus, ob Sie gemeinsame Vorlieben haben. Auch gemeinsame Erfahrungen können eine gute Basis für Small Talk bieten. Seien Sie aber vorsichtig, um nicht zu persönliche Fragen zu stellen, die die Frau unangenehm berühren könnten. Tasten Sie sich langsam an die Themen heran.

Komplimente machen: Frauen freuen sich über Komplimente. Seien Sie aber authentisch und vermeiden Sie übertriebene oder unrealistische Aussagen. Eine ehrliche und aufrichtige Aussage darüber, wie attraktiv Sie Ihre Gesprächspartnerin finden, kann ein guter Anfang sein. Aber auch andere Aspekte wie Stil, Kleidung oder Ausstrahlung können gute Gesprächsthemen für Komplimente sein. Lügen Sie nicht und finden Sie kreative Wege, Komplimente zu machen. Machen Sie immer ein ehrliches und ernst gemeintes Kompliment, vielleicht in Verbindung mit dem aktuellen Gesprächsthema, anstatt sich ein Kompliment als Alibi auszudenken. Finden Sie sprachliche Bilder und Vergleiche, die das Kompliment unterstreichen und Ihre Ehrlichkeit mit einer Begründung unterstreichen: „Deine Augen gefallen mir. Sie leuchten wie ein Bergsee in der Abendsonne". „Du hast eine angenehme und positive Ausstrahlung. Ich fühle mich bei dir sehr wohl". „Das Kleid steht dir hervorragend. Es bringt deine Attraktivität erst so richtig zur Geltung."

Humor einsetzen: Humor ist eine gute Möglichkeit, um eine entspannte Atmosphäre zu schaffen und das Eis zu brechen. Aber auch hier gilt es, vorsichtig zu sein und auf den Geschmack der Frau zu achten. Wenn Sie nicht sicher sind, ob ein Witz angemessen ist, lassen Sie ihn lieber weg. Vermeiden Sie auch Witze, die auf Kosten anderer gehen oder beleidigend sein könnten. Ideal ist, wenn Sie Ihren Humor einfach in das in das Gespräch mit einfließen lassen und auf langatmige und auswendig gelernte Witze verzichten. Wenn Sie einen speziellen Humor haben, geben Sie der Frau die Möglichkeit, diesen besser zu verstehen und zu erkennen. Erklären Sie, wenn etwas humorvoll gemeint war und Ihre Gesprächspartnerin dies vielleicht nicht richtig verstanden hat. So kommt es nicht Missverständnissen. Achten Sie gleich zu Beginn eines Dates darauf, ob ihr Humor von Ihrer Gesprächspartnerin verstanden wird. Nach meiner Erfahrung stehen viele Frauen nicht auf einen eher platten und trivialen Humor, wie er häufig in Männerkreisen vorkommt. Situationsbezogener Wortwitz in Verbindung mit einer positiven Sichtweise kommt in der Regel gut an. Vermeiden Sie Witze auf Kosten anderer Menschen, Religionen, sexueller Orientierung und alles, was in irgendeiner Form diskriminierend sein könnte. Ein Gentleman glänzt mit Niveau und Schlagfertigkeit, ohne andere zu verletzen.

Auf die Körpersprache achten: Small Talk ist nicht nur eine Frage des Gesprächsinhalts, sondern auch der Körpersprache. Achten Sie darauf, eine offene Körperhaltung zu haben, indem Sie sich Ihrer Gesprächspartnerin zuwenden und Augenkontakt halten. Vermeiden Sie verschränkte Arme oder abgewandte Körperhaltungen, die Distanz signalisieren könnten.

Small Talk kann eine hervorragende Möglichkeit sein, um das Eis beim ersten Treffen mit einer Frau zu brechen und einen positiven Eindruck zu hinterlassen. Indem man sich von Anfang an auf die Frau konzentriert, Gemeinsamkeiten sucht, Komplimente macht, Humor einsetzt und auf seine Körpersprache achtet, kann man erfolgreich Small Talk führen und eine angenehme Atmosphäre schaffen, die dazu einlädt, mit weiteren Gesprächsthemen in die Tiefe zu gehen.

Richtige Themen im Small Talk

Kreative Small Talk-Einstiege können dazu beitragen, dass das erste Kennenlernen mit einer Frau angenehm und interessant verläuft. Sie müssen dabei keine besonderen Themen ansprechen. Es geht in erster Linie darum, das Gespräch in Gang zu bringen und erste Gemeinsamkeiten zu finden. Für den Einstieg eignen sich folgende Themen sehr gut:

- Gemeinsame Interessen: Fragen Sie nach den Interessen der Frau und finden Sie heraus, ob es Gemeinsamkeiten gibt. Vielleicht haben Sie beide eine Leidenschaft für das Reisen oder die Fotografie.
- Lokale Ereignisse: Fragen Sie, ob sie schon mal auf einem bestimmten lokalen Event war, wie zum Beispiel einem Musikfestival oder einem Streetfood-Markt. Das kann zu weiteren Themen führen und auch ein guter Anknüpfungspunkt für zukünftige Treffen sein.
- Reisen: Fragen Sie die Dame nach ihren Reiseerlebnissen oder wohin sie gerne mal reisen würde. Das kann zu interessanten Geschichten führen und gibt auch Einblicke in ihre Persönlichkeit.
- Hobbys: Finden Sie heraus, ob sie Hobbys hat, die sie gerne ausübt. Vielleicht spielt sie ein Instrument oder malt gerne. Das kann auch eine Möglichkeit sein, gemeinsame Interessen zu entdecken.
- Essen und Trinken: Fragen Sie nach ihren Lieblings-restaurants oder Gerichten und teilen Sie Ihre eigenen Vorlieben. Vielleicht gibt es ein neues Restaurant in der Stadt, das Sie beide ausprobieren wollen?
- Beruf: Fragen Sie, was die Dame beruflich macht und wie sie dazu gekommen ist. Das gibt auch Einblicke in ihre Ziele und Ambitionen.
- Bücher und Filme: Finden Sie heraus, welche Bücher oder Filme sie mag und tauschen Sie Ihre eigenen Empfehlungen aus. Das kann auch ein guter Gesprächsstoff für zukünftige Treffen sein.

- Haustiere: Wenn sie ein Haustier hat, fragen Sie nach Namen und Rasse. Vielleicht haben Sie auch ein Haustier und können sich über Ihre Erfahrungen austauschen.
- Musik: Finden Sie heraus, welche Musik sie gerne hört und teilen Sie Ihre eigenen Vorlieben. Vielleicht gibt es ein anstehendes Konzert, das Sie zusammen besuchen können.
- Bücher und Zeitschriften: Fragen Sie nach ihren Lieblingsbüchern, Lieblingszeitschriften und nach Lieblingsthemen. Fragen Sie nach dem Buch, was sie am meisten beeindruckt hat.
- Social Media: Fragen Sie nach ihren Lieblingskanälen und nach Themen, die für Sie dort von Interesse sind. Sprechen Sie über den Umgang dort und was die Frau sich dort wünscht und was sie sich von ihren Aktivitäten erhofft.

Es ist wichtig, den Small Talk oberflächlich zu beginnen, dann aber nicht oberflächlich zu bleiben, sondern auf die Antworten und Fragen der Frau einzugehen und ihre Persönlichkeit kennen zu lernen. Der Small Talk zu Beginn ist eine gute Möglichkeit, um herauszufinden, ob und bei welchen Themen Sie mit Ihrer Begleiterin auf einer Wellenlänge liegen.

Ein Gentleman zeigt Interesse und hört einer Gesprächspartnerin aufmerksam zu. Für einige Männer ist es jedoch eine Herausforderung, respektvoll und aufmerksam mit

Frauen umzugehen, insbesondere in romantischen Situationen. Es ist jedoch wichtig zu verstehen, dass Respekt und Aufmerksamkeit grundlegende Elemente für den Aufbau einer gesunden und glücklichen Beziehung sind. Wenn Sie diese Eigenschaften von Anfang an zeigen und dabei bleiben, werden Sie das Vertrauen einer Frau gewinnen und ihr Interesse an Ihnen langfristig wecken.

Es kann verlockend sein, sich in einer romantischen Situation auf sich selbst zu konzentrieren und zu versuchen, das Beste aus der Situation zu machen. Vergessen Sie aber nicht, dass es auch um die Frau geht, mit der Sie zusammen sind. Es geht nicht nur darum, was Sie für sich selbst aus der Begegnung herausholen können, sondern auch darum, was Sie Ihre Partnerin fühlen lassen. Zeigen Sie Interesse an Ihrem Gegenüber, hören Sie zu und seien Sie aufmerksam. Eine Frau wird es zu schätzen wissen, wenn Sie sie als Person wahrnehmen und nicht nur als Mittel zum Zweck.

Es ist wichtig, darauf zu achten, wie Sie kommunizieren. Vermeiden Sie abwertende oder respektlose Kommentare, auch wenn es nur als Witz gemeint ist. Respektvolles Verhalten ist nicht nur eine Frage des Umgangs mit Frauen, sondern eine Grundlage für alle Beziehungen zu Freunden, Familie oder Kollegen. Eine Frau legt Wert darauf, dass Sie auch im Umgang mit ihrer Familie und Freunden ein entsprechendes Verhalten an den Tag legen.

Letztendlich geht es darum, in jeder Situation achtsam zu sein und die Bedürfnisse und Wünsche der anderen Person zu berücksichtigen. Wenn Sie von Anfang an zeigen, dass Sie respektvoll und aufmerksam sind, wird sich das langfristig auszahlen.

Achtsamkeit von Beginn an

Achtsamkeit bedeutet, im gegenwärtigen Moment präsent zu sein und bewusst wahrzunehmen, was um einen herum geschieht. Im Kontext des Umgangs mit Frauen bedeutet Achtsamkeit, sich aufmerksam und respektvoll zu verhalten, indem man die Bedürfnisse und Wünsche der Frau ernst nimmt und darauf achtet, wie sie sich fühlt.

Eine Anregung für achtsames Verhalten könnte sein, während des ersten Dates aktiv zuzuhören und Interesse an den Geschichten und Erfahrungen der Frau zu zeigen. Indem man aufmerksam zuhört und gezielt nachfragt, zeigt man, dass man sich für seine Gesprächspartnerin interessiert und ihre Persönlichkeit schätzt. Eine weitere Möglichkeit, Achtsamkeit zu zeigen, ist, auf die Körpersprache der Frau zu achten. Wenn sie zum Beispiel zurückweicht oder unsicher wirkt, kann es hilfreich sein, nachzufragen, ob sie sich wohl fühlt oder ob sie etwas benötigt. Achtsamkeit bedeutet auch, die Bedürfnisse der Frau zu respektieren. Wenn sie beispielsweise signalisiert, dass sie keinen Kuss oder keine körperliche Nähe wünscht, sollte man das akzeptieren und respektieren. Es ist wichtig, nicht aufdringlich zu sein oder die Frau zu drängen, etwas zu tun, was sie nicht möchte.

Insgesamt geht es bei Achtsamkeit darum, auf die Bedürfnisse und Wünsche der Frau zu achten, sensibel auf ihre Körpersprache und Signale zu reagieren und ihr gegenüber respektvoll und aufmerksam zu sein. Durch achtsames Verhalten kann man das Vertrauen der Frau gewinnen und eine gesunde Beziehung aufbauen, die auf gegenseitigem Respekt und Verständnis basiert. Eine weitere Herausforderung, der sich Männer heute auch in der aktuellen öffentlichen Diskussion stellen müssen, ist der Umgang mit dem Thema Einvernehmlichkeit. Respektvoll und achtsam zu sein bedeutet auch, zu verstehen, was der andere will und was nicht. Es ist wichtig, niemals Annahmen zu treffen und immer um Erlaubnis zu fragen, bevor man etwas tut. Bevor Sie etwas vermuten oder aus Ihrer männlichen Perspektive beurteilen, sollten Sie immer erst nachfragen. Es kostet nichts, kurz nachzufragen, wenn man z.B. eine Berührung beabsichtigt: „Darf ich dir kurz ins Gesicht fassen?" „Du hast da eine Wimper." „Darf ich deine Hand halten, wenn wir weitergehen?" „Darf ich dir in den Mantel helfen?" Ein respektvoller Umgang mit Frauen erfordert immer ein offenes und ehrliches Gespräch darüber, was beide wollen und was nicht. Nur so kann sichergestellt werden, dass beide Seiten einverstanden sind und sich wohl fühlen. Dabei ist es immer wichtig, die Intimsphäre einer Frau zu respektieren und ihr nicht zu nahe zu treten. Das gilt übrigens nicht nur für das erste Kennenlernen, sondern auch für die Beziehung. Immer wenn es um eine neue, unbekannte Situation geht, fragt der Gentleman nach: „Ist es in Ordnung, wenn ich dich da berühre?" „Darf ich dir ... zeigen?" So tastet sich der Gentleman langsam und ohne Druck an die Bedürfnisse einer Frau und zukünftigen Partnerin heran.

Es kann auch hilfreich sein, sich in die Lage der anderen Person zu versetzen. Wie würde es sich anfühlen, in einer Situation zu sein, in der man sich unwohl oder unsicher fühlt? Indem man sich in die Lage eine Frau versetzt, kann man sensibler auf ihre Bedürfnisse und Wünsche eingehen. Ist man sich als Mann im Unklaren darüber, gibt es einfache Fragen, die einer Frau in solchen Momenten zeigen, dass man aufmerksam und achtsam ist: „Wie fühlst du dich?" „Wie geht dir im Moment?" „Was bedrückt dich"? „Du wirkst auf mich, als fühlst du dich nicht richtig wohl. Kann ich etwas für dich tun?"

Ein weiterer wichtiger Faktor ist der Umgang mit Ablehnung. Es kann vorkommen, dass eine Frau kein Interesse hat oder eine Beziehung nicht auf romantischer Ebene fortsetzen möchte. In dieser Situation ist es wichtig, respektvoll und höflich zu bleiben und die Entscheidung der anderen Person zu akzeptieren. Versuchen Sie nicht, die Frau zu überreden oder zu drängen, sondern akzeptieren Sie ihre Entscheidung und respektieren Sie ihre

Wünsche. Wenn Sie in solchen Fällen nicht gleich die Liebe Ihres Lebens finden, kann eine normale Freundschaft mit einer Frau ohne Beziehungshintergrund Ihr Leben als Mann und Gentleman ebenso bereichern. Drängen Sie also nicht und versuchen Sie, wenn es passt, über ein erstes Kennenlernen einfach eine neue Freundschaft aufzubauen.

Stellen Sie sich vor, Sie begleiten Ihre neue Freundin dann irgendwann zu einer Veranstaltung und sie stellt Ihnen dort zufällig eine Frau aus ihrem Freundeskreis vor, die Ihre große Liebe wird. Wenn eine Frau gar keinen Kontakt mehr wünscht und Ihnen das auch zeigt, indem sie den Kontakt in irgendeiner Form abbricht oder sich nicht mehr meldet, dann respektieren Sie das und drängen Sie sich nicht weiter auf. Das ist Zeitverschwendung und kann heute, je nach Ausprägung, sehr schnell zu einer strafbaren Belästigung führen.

Ein respektvoller und achtsamer Umgang mit Frauen erfordert das bewusste Bemühen, sich in die Lage der anderen Person zu versetzen und ihre Bedürfnisse zu berücksichtigen. Wer sich von Anfang an respektvoll und aufmerksam verhält, gewinnt das Vertrauen einer Frau und kann eine gesunde Beziehung aufbauen. Für einen Gentleman gibt es auch viele Gelegenheiten, neue Beziehungen einzugehen und Freundschaften zu schließen.

Small Talk ist nur der Einstieg

Wie baut man ein Gespräch auf, das über den einfachen Small Talk hinausgeht?

Zunächst einmal ist es wichtig, dass man als Gentleman die Frau, mit der man spricht, immer respektvoll anspricht. Ganz besonders zu Beginn des Kennenlernens. Das bedeutet, dass man zunächst das "Sie" verwendet und nicht das "Du". Erst nach Zustimmung und konkreter Nachfrage sollte man zum „Du" wechseln. Auch wenn man sich möglicherweise schon besser kennt, sollte man immer darauf achten, dass man die Frau respektvoll behandelt und sich nicht zu vertraut verhält. Das gilt natürlich nicht, wenn man sich aufgrund eines Kontaktes über Soziale Kanäle bereits mit „Du" anspricht und dies dort gesellschaftlich akzeptiert ist. Aber Vorsicht: Im beruflichen Kontext ist das „Sie" oft immer noch und zumindest beim ersten Kennenlernen die bessere Wahl.

Small Talk ist eine gute Möglichkeit, um das Eis zu brechen, eine Verbindung aufzubauen und ein Gespräch zu beginnen. Man kann wie bereits erwähnt über das Wetter, die Umgebung oder andere gemeinsame Interessen sprechen. Halten Sie zu Beginn nicht an Themen fest, bei denen es keine Gemeinsamkeiten gibt. Suchen und finden Sie immer erste gemeinsame Themen und Interessen, über die Sie eine Verbindung herstellen können und bei denen das Gespräch im Fluss bleibt. Dabei sollten Sie jedoch darauf achten, dass Sie nicht zu oberflächlich bleiben und das Gespräch nicht zu schnell langweilig wird. Stellen Sie also nach und nach auch tiefergehende Fragen.

Nach dem Small Talk können Sie das Gespräch auf interessantere Themen lenken. Dabei ist es wichtig, aufmerksam zuzuhören und auf die Reaktionen der Frau zu achten. Wenn sie zum Beispiel leidenschaftlich über ein bestimmtes Thema spricht, können Sie tiefer in die Materie einsteigen und sie nach ihren Ansichten und Erfahrungen fragen. Seien Sie dabei aber nicht zu aufdringlich und geben Sie ihr genügend Raum, sich auszudrücken. Hören Sie einfach zu, ohne Ratschläge zu geben. Mit weiterführenden Fragen gehen Sie in die Tiefe.

Ein weiterer wichtiger Punkt ist, dass man als Gentleman immer respektvoll und höflich bleiben sollte. Das bedeutet, dass man keine unangemessenen Witze oder Kommentare machen sollte, die die Frau beleidigen oder herabsetzen könnten. Man sollte auch keine körperlichen Annäherungsversuche machen, ohne dass die Frau dazu ausdrücklich ihre Zustimmung signalisiert hat. Es ist wichtig, die Grenzen der Frau zu respektieren und ihr die Freiheit zu lassen, selbst zu entscheiden, was sie wann will. Zu den Grenzen gehört es auch, vorsichtig mit Blicken umzugehen, wenn sich eine Frau für ein Date etwas freizügiger oder sexy angezogen hat. Es gehört sich auch heute noch nicht, einer Frau beim ersten Date zu oft oder offensichtlich ins

Dekolleté oder auf den Po zu schauen. Halten Sie immer aufmerksamen Blickkontakt.

Ein Gentleman sollte auch darauf achten, dass er die Frau im Gespräch nicht unter Druck setzt. Das bedeutet, dass man ihr genügend Zeit gibt, um zu antworten, wenn man eine Frage stellt. Man sollte auch nicht zu schnell auf ihre Äußerungen reagieren oder sie in eine bestimmte Richtung drängen. Es ist wichtig, ihr genügend Raum zu geben, selbst zu entscheiden, was sie sagen möchte und wie sie es sagen möchte. Geben Sie im Gespräch keine Regeln vor und schränken Sie Ihre Gesprächspartnerin nicht ein.

Als Gentleman sollten Sie immer darauf achten, die Frau respektvoll anzusprechen, aufmerksam zuzuhören und höflich zu bleiben. Durch eine positive und respektvolle Einstellung und eine offene Haltung können Sie eine Frau besser kennenlernen.

Die Kunst der Konversation

Wenn es darum geht, eine Frau über den Small Talk hinaus anzusprechen und eine Beziehung aufzubauen, ist die Fähigkeit, eine interessante und angenehme Unterhaltung zu führen, von entscheidender Bedeutung.

Eine gute Konversation kann dazu beitragen, eine Verbindung herzustellen, Vertrauen aufzubauen und letztendlich die Basis für eine erfolgreiche Beziehung zu legen. Im Folgenden finden Sie einige Tipps und Techniken, die Ihnen helfen können, ein erfolgreiches Gespräch zu führen.

Zeigen Sie echtes Interesse an der Person: Eines der wichtigsten Dinge, die Sie tun können, um ein erfolgreiches Gespräch zu führen, ist, echtes Interesse an der Person zu zeigen, mit der Sie sprechen. Stellen Sie offene Fragen und hören Sie aktiv zu, was die Person zu sagen hat. Versuchen Sie, Gemeinsamkeiten zu finden und zeigen Sie, dass Sie wirklich daran interessiert sind, die Person kennen zu lernen.

Vermeiden Sie langweiligen Smalltalk: Smalltalk kann eine gute Möglichkeit sein, ein Gespräch zu beginnen, aber es kann schnell langweilig werden, wenn Sie sich auf banale Themen beschränken. Versuchen Sie, interessante Themen zu finden, über die Sie sprechen können, z. B. gemeinsame Interessen oder aktuelle Ereignisse. Es kann sehr hilfreich sein, persönliche Geschichten zu erzählen oder Erfahrungen zu teilen, um das Gespräch auf eine persönlichere Ebene zu bringen. Finden Sie schnell Gemeinsamkeiten, über die es sich zu sprechen lohnt. Erzählen Sie kleine positive Geschichten und Anekdoten aus Ihrer Vergangenheit. Dadurch zeigen Sie, wie Sie in bestimmten Situationen reagiert haben, was wiederum darauf schließen lässt, wie Sie in Zukunft reagieren werden. Erzählen Sie von Ihren Gefühlen und Ihrer Stimmung in verschiedenen Situationen und zeigen Sie, dass Sie als Mann auch in der Gefühlswelt Zuhause sind. Sie öffnen damit die Tür zum Herzen einer Frau, wenn sie sich in Ihren Geschichten und ihrer Gefühlswelt wiederfindet.

Seien Sie authentisch und ehrlich: Es ist wichtig, in einer Konversation authentisch und ehrlich zu sein, um eine Verbindung aufzubauen. Geben Sie sich nicht als jemand aus, der Sie nicht sind, oder sagen Sie keine Dinge, die Sie nicht wirklich meinen. Seien Sie offen und ehrlich über Ihre Interessen und Ihre Persönlichkeit, um zu zeigen, wer Sie wirklich sind. Aber rechtfertigen oder verteidigen Sie sich nicht für Dinge, die so sind, wie sie sind. Nach meiner Erfahrung schätzen es Frauen, wenn ein Mann seine eigene Meinung vertritt, ohne sie anderen aufzudrängen. Es macht also nichts, wenn Ihre Meinung nicht immer mit der Ihrer Date-Partnerin übereinstimmt. Wichtig ist, dass man seine eigene Meinung vertritt und gleichzeitig die Meinung der Frau respektiert und stehen lässt, ohne ihr zu widersprechen oder mit ihr dazu in besserwisserische Diskussion zu gehen. Ein Gentleman lässt zu, dass andere Menschen eine andere Meinung oder einen anderen Standpunkt haben und zeigt damit seinen Respekt. Am Ende Ihres Dates wird sich entscheiden, ob es viele übereinstimmende Meinungen gibt, oder die Meinungen sehr stark auseinanderdriften. Das neben anderen Dingen ist ein Indikator dafür, ob Sie später als Paar gut miteinander harmonieren.

Vermeiden Sie kontroverse Themen: Wenn Sie ein Gespräch führen, ist es am besten, kontroverse Themen zu vermeiden, die zu Konflikten führen könnten. Politik, Religion und persönliche Überzeugungen sind Themen, die schnell zu Meinungsverschiedenheiten führen können. Versuchen Sie stattdessen, neutralere Themen zu finden, über die Sie sprechen können, um ein angenehmes und respektvolles Gespräch zu beginnen. Wenn Sie von Anfang an zu viele Barrieren aufbauen, ist der Weg zu Gemeinsamkeiten bereits versperrt, bevor Sie überhaupt richtig miteinander ins Gespräch gekommen sind.

Lassen Sie die Frau führen: Geben Sie Ihrer Gesprächspartnerin die Möglichkeit, das Gespräch zu führen. Die Gesprächsführung sollte hin und her wechseln, so dass Sie Ihrer Gesprächspartnerin während des Gesprächs das gute Gefühl einer gleichberechtigten Kommunikation vermitteln. Durch den Wechsel der Gesprächsführung wird das erste Date viel spannender und die Frau merkt, dass Sie sie mit ihren eigenen Themen aktiv werden lassen. Fragen Sie: „Jetzt bist du dran, was sind deine Themen?" „Was ist dir wichtig?", wenn die Frau vielleicht noch sehr zurückhaltend ist oder Sie merken, dass das Gespräch sehr einseitig verläuft.

Seien Sie aufmerksam und respektvoll: Wenn Sie ein Gespräch führen, ist es wichtig, aufmerksam und respektvoll zu sein. Unterbrechen Sie nicht und lenken Sie nicht ab, sondern zeigen Sie Interesse und Aufmerksamkeit für das, was Ihre Gesprächspartnerin zu sagen hat. Achten Sie auf Ihre Körpersprache und zeigen Sie Respekt, indem Sie die Meinungen und Überzeugungen der anderen Person akzeptieren, auch wenn Sie nicht unbedingt zustimmen. Bringen Sie Ihre Gesprächspartnerin nicht durch unangenehme Fragen in Zugzwang. Wenn Sie in ein Fettnäpfchen getreten sind und es merken, entschuldigen Sie sich einfach. Eine Entschuldigung ist für einen Genteman nie ein Problem. Sagen Sie: „Oh, es tut mir leid, es war nicht meine Absicht, dies oder jenes zu tun".

Ein Beispiel für erfolgreiche Konversation: Stellen Sie sich vor, Sie treffen eine Frau auf einer Party und möchten ein Gespräch mit ihr führen. Sie beginnen mit Smalltalk und fragen sie nach ihren Hobbys und Interessen. Sie stellt fest, dass Sie beide ein Interesse für Fotografie teilen, also sprechen Sie darüber und teilen einige Geschichten. Sie erzählt Ihnen, dass sie gerade dabei ist, ihre eigene Fotografie-Website aufzubauen und einige ihrer besten Arbeiten online zu präsentieren. Sie zeigt Ihnen einige ihrer Bilder auf ihrem Handy und Sie sind beeindruckt von ihrer Kreativität und ihrem Talent. Sie beschließen, sie zu unterstützen, indem Sie ihr Feedback zu ihren Bildern geben und ihr ein paar Tipps geben, wie sie ihre Website noch besser machen kann. Während Sie sprechen, bemerken Sie, dass Ihre Gesprächspartnerin nicht nur ein Talent für Fotografie hat, sondern auch sehr intelligent und gebildet ist. Sie hat einen Abschluss in Kunstgeschichte und liebt es, Museen und Galerien zu besuchen. Sie sprechen über einige Ihrer

Lieblingskünstler und Kunstwerke und merken, dass Sie beide eine tiefe Leidenschaft für die Kunst teilen. Sie finden schnell heraus, dass Sie beide viele gemeinsame Interessen haben und dass Sie sich sehr gut verstehen. Sie stellen fest, dass Sie beide in einer ähnlichen Lebensphase sind, da Sie beide gerade dabei sind, Ihre Karriere aufzubauen und Ihre Leidenschaften zu verfolgen. Sie schlagen vor, dass sie gemeinsam eine Kunstausstellung besuchen oder eine Fototour machen sollten, um mehr Zeit miteinander zu verbringen und ihre gemeinsamen Interessen weiter zu erkunden. Sie sagt zu und Sie tauschen Nummern aus, um in Kontakt zu bleiben und die Details zu planen. Während Sie nach Hause gehen, denken Sie darüber nach, wie erfüllend es ist, jemanden kennenzulernen, der Ihre Interessen teilt und mit dem Sie eine tiefe Verbindung aufbauen können. Sie sind dankbar für die Gelegenheit, eine so besondere Frau kennengelernt zu haben und freuen sich darauf, sie wiederzusehen.

Ein weiteres Beispiel: Lena und Max hatten sich auf einer Dating-App kennengelernt und beschlossen, sich zum ersten Mal in einem Café zu treffen. Max hatte Lena eine Nachricht geschrieben und sich nach ihren Interessen erkundigt. Sie hatte ihm geantwortet, dass sie gerne liest und über Nachhaltigkeit lernt. Max interessierte sich auch für das Thema und hatte ein paar Bücher darüber gelesen. Als sie sich zum ersten Mal trafen, redeten sie zuerst über ihre Arbeit und Hobbys, aber dann kamen sie schnell auf das Thema Nachhaltigkeit zu sprechen. Max erzählte Lena von seinen Erfahrungen mit dem nachhaltigen Leben und zeigte ihr einige Apps, die er benutzt hatte, um seinen CO_2-Fußabdruck zu reduzieren. Lena war beeindruckt von seiner Leidenschaft und seinem Wissen und sie fing an, sich für das Thema zu interessieren. Sie verbrachten den ganzen Nachmittag im Café und diskutierten verschiedene Ansätze, um umweltbewusster zu leben. Sie beschlossen, dass sie beide versuchen würden, ihre Gewohnheiten zu ändern, um einen positiven Beitrag zur Umwelt zu leisten. Am Ende des Dates tauschten sie Nummern aus und beschlossen, sich bald wiederzutreffen. Sie hatten nicht nur ein tolles erstes Date, sondern auch eine gemeinsame Leidenschaft für das Thema Nachhaltigkeit gefunden.

Beide Geschichten dokumentieren auf sehr einfache und anschauliche Weise, dass es im Small Talk und in der weiteren Kommunikation darauf ankommt, echte Gemeinsamkeiten zu finden, für die Sie beide brennen und bei denen Sie vielleicht sogar gemeinsame Affinitäten haben. Nichts beeindruckt im ersten Gespräch mehr als gemeinsame Interessen und Einstellungen, die dem Gegenüber das Gefühl geben, Sie schon etwas besser zu kennen. Achten Sie aber darauf, dass Ihr Interesse immer echt ist. Eine vorgetäuschte Gemeinsamkeit fällt schnell auf und bringt keinen Erfolg – ganz im Gegenteil. Bleiben Sie immer bei der Wahrheit.

Was bedeutet „einer Frau Raum geben"?

Tatsächlich funktioniert eine gute Kommunikation zu einer Frau nur dann, wenn Sie einer Frau Raum geben.

In der Psychologie bedeutet „einer Frau Raum geben" oder „einer Frau Raum lassen", ihr physischen, emotionalen und mentalen Raum zu geben, damit sie sich frei ausdrücken, ihre Bedürfnisse äußern und ihre Persönlichkeit entwickeln kann. Dies ist besonders wichtig bei der ersten Verabredung, aber auch in einer späteren Paarbeziehung, um die Meinungen, Gefühle und Ideen einer Frau zu respektieren und Raum für ihre Individualität und Selbstverwirklichung zu schaffen. Männer und Gentlemen, die dies beherrschen, führen in der Regel sehr erfüllende und befriedigende Beziehungen, weil ihre Partnerin sich ihnen gegenüber ebenso verhält.

Aus psychologischer Sicht ist es sowohl für Frauen als auch für Männer wichtig, die eigenen Bedürfnisse, Wünsche und Interessen ausdrücken zu können, um ein erfülltes Leben führen zu können. Frauen sind oft mit strukturellen Hindernissen und alten Vorurteilen konfrontiert, die es ihnen erschweren, ihre Ziele zu erreichen oder sich in bestimmten gesellschaftlichen Kontexten Gehör zu verschaffen. In diesem Sinne kann „Raum für Frauen schaffen" bedeuten, sie in ihrem Ausdruck und ihrem Selbtbewusstsein zu unterstützen, damit sie sich frei und unabhängig fühlen und in schwierigen Situationen behaupten können.

In zwischenmenschlichen Beziehungen kann „einer Frau Raum geben" bedeuten, ihr genügend Zeit, Raum und Möglichkeiten zu geben, um ihre eigenen Interessen und Bedürfnisse zu verfolgen, ohne Druck oder Erwartungen von Ihrer Seite als Partner aus. Es kann bedeuten, ihr zuzuhören, wenn sie spricht, und ihr die Möglichkeit zu geben, sich auszudrücken, ohne sie zu unterbrechen oder abzulenken. Es kann auch bedeuten, ihre Grenzen zu respektieren und ihr die Freiheit zu lassen, ihre eigenen Entscheidungen zu treffen und ihren persönlichen Weg zu gehen.

Im Kontext von Coaching oder Therapie kann „einer Frau Raum geben" bedeuten, ihr einen sicheren Raum zu bieten, in dem sie sich ausdrücken und ihre Gefühle und Gedanken erforschen kann, ohne sich bedroht oder verurteilt zu fühlen. Es kann auch bedeuten, eine wertschätzende und unterstützende Haltung einzunehmen, die ihr hilft, ihre eigene Identität und innere Stärke zu finden.

Einfach ausgedrückt, geht es bei „Raum geben" im wahrsten Sinne des Wortes um die Luft zum Atmen, die eine Frau, ob schüchtern, zurückhaltend oder modern und selbstbestimmt, braucht, um sich in jeder Hinsicht frei entfalten zu können.

„Raum geben" bedeutet in einer ausgeglichenen Beziehung auch, dass die Beziehung nicht darunter leiden darf. Wer als Partner den Raum ausnutzt, um den anderen in irgendeiner Form zu verletzen oder das Vertrauen missbraucht, gefährdet damit die Beziehung. Zuviel Raum kann allerdings auch dazu führen, dass sich Beteiligte auseinanderleben. Achten Sie darauf, dass es in Ihrer Beziehung zu einer Frau zu einem ausgeglichenen Verhältnis zwischen „Raum geben" und Nähe bewahren" kommt, bei dem beide Partner sich wohlfühlen und entfalten können, aber auch die gemeinsame Zeit miteinander geniessen. Dazu gehört, für beides ausreichend Zeit einzuplanen und den Partner oder die Partnerin nicht zu vernachlässigen.

Eifersucht ist ein schlechter Begleiter

Eifersucht in einer Beziehung kann bedeuten, dass der Partner der Frau keinen Raum gibt, weil er ständig besorgt darüber ist, was sie tut und mit wem sie Zeit verbringt. Es kann bedeuten, dass er versucht, sie zu kontrollieren, indem er ihre Entscheidungen beeinflusst oder sie einschränkt. Dies kann zu einem Gefühl der Enge und Begrenzung führen, was das genaue Gegenteil von „Raum geben" ist. Eifersucht ist eine Mischung aus Angst, Wut und Trauer. Für Unerfahrene ist das eine sehr unangenehme Gefühlsmischung, mit der man erst lernen muss umzugehen. Eifersucht ist kein Gefühlszustand, in dem sich ein Gentleman wohl fühlt. Er befreit sich davon, indem er die Dinge gerade rückt und sich seiner selbst und seiner Qualitäten bewusst wird.

Wenn ein Mann einer Frau Raum gibt, gibt er ihr die Freiheit, ihre eigenen Entscheidungen zu treffen, ihre eigenen Interessen zu verfolgen und Zeit mit anderen Menschen zu verbringen, wenn sie das möchte. Er vertraut ihr und erkennt an, dass sie ihre eigene Person mit ihren eigenen Bedürfnissen, Interessen und Zielen ist.

Eifersucht kann bedeuten, dass der Mann unsicher in der Beziehung ist und möglicherweise Selbstwertprobleme hat. Durch Eifersucht kann er versuchen, seine Unsicherheit zu bewältigen, indem er versucht, Kontrolle über die Frau auszuüben. Allerdings kann diese Kontrolle das Vertrauen in der Beziehung untergraben und die Frau dazu bringen, sich eingeengt und erstickt zu fühlen.

Eifersucht ist eine emotionale Reaktion auf das Gefühl der Bedrohung oder des Verlustes von etwas oder jemandem, das als wichtig oder wertvoll angesehen wird. In Beziehungen kann Eifersucht auftreten, wenn man das Gefühl hat, dass der Partner sich von einem entfernt oder Interesse an jemand anderem zeigt.

Für Männer ist es wichtig, Eifersucht und Eifersuchtsszenen zu vermeiden, da sie sich negativ auf die Beziehung auswirken. Umgekehrt gilt dies auch für Frauen. Eifersucht kann dazu führen, den Partner kontrollieren zu wollen und unangemessenes Verhalten zu zeigen, das die Freiheit und den Freiraum des Partners einschränkt. Sie kann auch zu Missverständnissen und Streit führen, die das Vertrauen und die Intimität in der Beziehung beeinträchtigen. Insofern ist Eifersucht keine Basis für eine Beziehung. Sie zerstört das Vertrauen in sich selbst und in den Partner.

Als Gentleman sollte man stattdessen lernen, seiner Partnerin zu vertrauen und ihr Raum zu geben, sich in der Beziehung frei zu entfalten. Sie sollten sich auch mit ihren eigenen Unsicherheiten und Ängsten auseinandersetzen und lernen, Selbstvertrauen und Selbstsicherheit in der Beziehung zu entwickeln. Durch Kommunikation und Kompromisse können sie als Partner gemeinsam eine Beziehung aufbauen, die auf Vertrauen, Respekt und Freiheit basiert.

Ein Gentleman kommt nicht in eine Eifersuchtssituation, weil er Vertrauen und Offenheit in der Beziehung zu einer Frau aufbaut. Wenn Eifersucht dennoch aufkommt, bleibt er ruhig und rational und spricht die Situation auf eine erwachsene Art und Weise an, ohne emotional und aufgebracht zu reagieren. Ein Gentleman versteht, dass Eifersucht oft auf eigenen Unsicherheiten und Ängsten beruht und nicht unbedingt auf dem Verhalten des Partners. Er reflektiert daher seine eigenen Emotionen und Gedanken, um zu verstehen, was die Eifersucht auslöst. Ein Gentleman sollte offen für Gespräche sein und bereit sein, auch die Bedenken und Ängste seines Partners in Bezug auf Eifersucht anzuhören und zu besprechen.

Insgesamt geht ein Gentleman mit Eifersucht in einer Beziehung reif und erwachsen um, indem er Vertrauen, Offenheit und Verständnis fördert und versucht, gemeinsam mit dem Partner eine Lösung zu finden. Eifersucht ist keine Option für einen Gentleman. Er trennt sich von einer Person, die seine Würde nicht respektiert und vereinbarte Werte in einer Beziehung wie Treue und Ehrlichkeit nicht einhält.

Wenn Eifersucht oder negative Gefühle berechtigt sind und die Frau sich bereits einem anderen Mann zugewandt hat, ist eine Beziehung in den meisten Fällen ohnehin nicht mehr aufrechtzuerhalten. Eine Frau zeigt mit einem solchen Verhalten auch keinen Respekt. Auch wenn man sich als Mann so verhält, ist das respektlos gegenüber einer Frau. Ein Gentleman löst sich in solchen Fällen, so schwer es ihm auch fallen mag, von seiner Eifersucht und trennt sich mit Würde und Konsequenz, auch wenn dies mit innerem Schmerz verbunden ist. Je schneller er sich gefühlsmäßig wieder einer anderen Frau zuwenden kann, desto schneller kann ein neuer Lebensabschnitt mit neuem Glück beginnen. Auch wenn es einem Mann hier sehr schwerfällt, etwas loszulassen, was nicht mehr zu halten ist, macht es für einen Gentleman keinen Sinn, sein Leben damit zu belasten. Das Sprichwort sagt: „Besser ein Ende mit Schrecken als ein Schrecken ohne Ende".

Je schneller Sie sich als Mann von einer respektlosen Frau trennen, desto schneller können Sie sich neuen positiven Erfahrungen zuwenden. Wichtig ist, dass Sie gegenüber einer respektlosen Frau höflich bleiben und so Ihre Würde als Mann bewahren, was je nach Situation nicht immer einfach ist. Entschuldigen Sie sich als Gentleman für Beleidigungen, die Sie vielleicht im Affekt aus Eifersucht ausgesprochen haben, wenn Sie sich nach diesem Vorfall wieder beruhigt haben. Meiden Sie die Frau danach am besten für eine Weile oder sogar für immer. Nehmen Sie sich die Zeit, die Dinge mit den Mechanismen eines Gentlemans zu verarbeiten und die es Ihnen als Mann mit Würde und Stil ermöglichen, weiterhin positiv in die Zukunft zu blicken.

Kapitel 04:

Körperliche Signale erkennen und senden

Körpersprache als Teil der Kommunikation

Die Körpersprache ist ein wichtiger Teil der Kommunikation und kann oft mehr über uns verraten als das, was wir sagen. Es ist daher wichtig, sich der eigenen Körpersprache bewusst zu sein und zu verstehen, wie sie auf andere wirkt.

Körpersprache bezieht sich auf die nonverbale Kommunikation, die Menschen durch ihre Körperhaltung, Gesten, Mimik und Bewegungen ausdrücken. Es ist eine Form der Kommunikation, die oft unbewusst und spontan ist und eine wichtige Rolle in der zwischenmenschlichen Interaktion spielt.

Die Körpersprache kann verschiedene Informationen über eine Person vermitteln, wie zum Beispiel ihre Stimmung, Haltung, Einstellung und Persönlichkeit. Eine aufrechte Körperhaltung kann beispielsweise Selbstvertrauen und Entschlossenheit signalisieren, während ein gesenkter

Kopf und eine zusammengekniffene Körperhaltung Unsicherheit und Angst ausdrücken können.

Die Interpretation von Körpersprache ist jedoch oft kultur- und situationsabhängig. Was in einer Kultur als freundliche Geste gilt, kann in einer anderen als unhöflich oder beleidigend empfunden werden. Daher ist es wichtig, kulturelle Unterschiede zu berücksichtigen, wenn man sich mit einer Frau verabredet, und Körpersprache besser zu verstehen, um effektiv kommunizieren zu können. Wenn Sie sich mit einer Frau aus einem anderen Land und mit einem anderen kulturellen Hintergrund verabreden, sollten Sie klären, was aus der Sicht Ihrer Gesprächspartnerin im Vergleich zu Ihrer eigenen Kultur ein No-Go ist. Dies gilt insbesondere für Sie als Mann und Gentleman, der vielleicht selbst einen anderen kulturellen Hintergrund hat.

Eine aufrechte Körperhaltung, offener Blickkontakt und eine freundliche Gestik sind wichtige Elemente, um Interesse an der Partnerin zu zeigen und ihr das Gefühl zu geben, gehört und verstanden zu werden. Es ist wichtig, auf die Körpersprache einer Frau zu achten, um zu verstehen, wie sie sich fühlt und was sie vielleicht nicht direkt ausspricht. Der richtige Umgang mit nonverbalen Signalen ermöglicht eine offene und unmissverständliche Kommunikation.

Achten Sie beim Zuhören nicht nur auf die Worte Ihrer Gesprächspartnerin, sondern auch auf ihre Körpersprache.

Eine abwehrende Körperhaltung, zusammengekniffene Augen oder ein verkrampftes Lächeln können darauf hindeuten, dass sie sich unwohl fühlt oder nicht bereit ist, tiefer gehende Themen anzusprechen. In diesem Fall sollten Sie Ihre Gesprächsstrategie anpassen und versuchen, ein angenehmeres Gesprächsthema zu finden. Eine offene, zugewandte Haltung, ein Lächeln und eine lebendige Gestik und Mimik deuten auf eine positive Gesprächssituation hin.

Ebenso ist es wichtig, die eigene Körpersprache anzupassen, um die Stimmung und den Ton des Gesprächs zu verbessern. Ein freundliches Lächeln oder eine aufmerksame Körperhaltung können das Gespräch positiv beeinflussen und dazu beitragen, dass sich Ihre Gesprächspartnerin wohl und respektiert fühlt.

Schließlich ist es wichtig, in einer Konversation die Grenzen des anderen zu respektieren und auf unangemessene Körpersprache oder Gesten zu verzichten. Eine aufdringliche Körpersprache kann dazu führen, dass sich die andere Person unwohl fühlt und das Gespräch abbricht.

Insgesamt ist die Körpersprache ein wichtiger Bestandteil einer effektiven Kommunikation, insbesondere beim Ansprechen und im ersten Date mit einer Frau. Indem Sie bewusst auf Ihre eigene Körpersprache und die Körpersprache Ihrer Gesprächspartnerin achten, können Sie ein angenehmes Gesprächsumfeld schaffen und eine tiefere Verbindung zu ihr herstellen.

Elemente der Körpersprache

Die richtige Körpersprache kann dazu beitragen, dass Sie als Person selbstbewusster und sympathischer wirken und so eine erfolgreichere Beziehung aufbauen können. Wichtige Aspekte sind:

Blickkontakt: Blickkontakt ist ein wichtiger Indikator dafür, dass man aufmerksam und interessiert an einer Person ist. Ein angemessener Blickkontakt kann zeigen, dass man bereit ist, zuzuhören und sich auf eine Konversation einzulassen.

Körperhaltung: Eine aufrechte und entspannte Körperhaltung kann Selbstbewusstsein und Offenheit signalisieren. Wenn man sich jedoch verkrampft oder schüchtern präsentiert, kann dies das Gegenteil bewirken und das Gegenüber kann sich unwohl fühlen. Vermeiden Sie eine gebückte Haltung.

Gestik und Mimik: Gestik kann positiv wirken, wenn sie authentisch ist und zum Gespräch passt. Übertriebene Gestik kann aber auch ablenken oder nervös machen. Lächeln oder lachen Sie während des Gesprächs. Es gibt nichts Sympathischeres als zu lächeln oder zu lachen.

Distanz: Die Distanz zwischen zwei Personen kann ebenfalls eine wichtige Rolle bei der Körpersprache spielen. Eine zu enge Distanz kann unangenehm wirken, während eine zu große Distanz Abstand signalisieren kann. Die richtige Distanz zu finden, hängt jedoch stark von der Situation ab. Wenn Sie zum Beispiel in einem Lokal beim ersten Date schon sehr eng nebeneinander sitzen müssen, fragen nach, ob dies in Ordnung ist.

Drei Schöne Geschichten erzählen, wie die richtige Körpersprache in Verbindung mit der passenden Kommunikation zu Liebe geführt haben:

Sophie und Tom: Sophie und Tom hatten sich vor ein paar Monaten auf einer Party kennengelernt und sofort eine Verbindung gespürt. Sie hatten sich seitdem ein paar Mal getroffen, aber es hatte sich noch nichts Ernstes zwischen ihnen entwickelt. Eines Abends lud Tom Sophie zu einem Spaziergang am Strand ein. Als sie am Strand ankamen, spürte Sophie, wie ihr Herz vor Aufregung schneller schlug. Tom nahm ihre Hand und sie begannen zu laufen. Plötzlich blieb Tom stehen und drehte sich zu ihr um. Er schaute ihr tief in die Augen und sagte: „Sophie, ich weiß, dass wir uns noch nicht lange kennen, aber ich fühle mich so zu dir hingezogen. Ich möchte dich gerne küssen, aber ich möchte sicherstellen, dass du das auch willst." Sophie spürte, wie ihr Herz vor Freude und Erleichterung aufging. Sie lächelte und nickte. Tom legte eine Hand auf ihre Taille und die andere Hand auf ihre Wange und zog sie sanft zu sich heran. Sie schlossen die Augen und ihre Lippen trafen sich in einem leidenschaftlichen Kuss. In diesem Moment wussten sie beide, dass sie sich füreinander entschieden hatten. Sophie und Tom hatten beide eine offene Körpersprache, als sie miteinander sprachen. Sie lächelten viel und hielten Blickkontakt. Als Tom Sophie um Erlaubnis bat, sie zu küssen, zeigte er mit seiner Körpersprache Respekt vor ihren Grenzen und Wünschen. Die Körpersprache half ihnen in diesem Moment dabei, eine starke Verbindung aufzubauen und Vertrauen aufzubauen. Barbara und Peter: Barbara und Peter waren seit vielen Jahren verheiratet und hatten schon viele Höhen und Tiefen gemeinsam durchgestanden. Doch in letzter Zeit hatte sich ihre Beziehung ein wenig abgekühlt und sie verbrachten weniger Zeit miteinander. Eines Abends beschloss Peter, seine Frau zu überraschen und für sie zu kochen. Als Barbara nach Hause kam, war der Tisch liebevoll gedeckt und Peter hatte eine Flasche Wein geöffnet. Sie setzten sich zusammen und begannen zu reden. Peter merkte, dass Barbara ihm nicht in die Augen schaute und dass ihre Körpersprache geschlossen war. Er beschloss, das Gespräch auf ihre Körpersprache zu lenken. Er sagte: „Barbara, ich spüre, dass du dich von mir distanziert hast. Ich möchte gerne verstehen, was los ist. Kannst du mir bitte sagen, was dich bedrückt?" Barbara schaute ihm tief in die Augen und erkannte, dass er wirklich daran interessiert war, ihre Gefühle zu verstehen. Sie öffnete sich und erzählte ihm von ihren Sorgen und Ängsten. Peter hörte aufmerksam zu und zeigte mit seiner Körpersprache

Verständnis und Mitgefühl. Er hielt Blickkontakt und berührte ihre Hand, um ihr zu zeigen, dass er für sie da war. Als das Gespräch zu Ende war, wusste Barbara, dass sie ihren Mann immer noch liebte und dass sie ihn brauchte, um ihr Leben zu teilen. Peter hatte gezeigt, dass er sie verstand und dass er bereit war, an ihrer Beziehung zu arbeiten. Sie umarmten sich und küssten sich leidenschaftlich. Die Funken flogen wieder und ihre Beziehung wurde wieder zu dem, was sie einmal war – eine Geschichte voller Liebe, Leidenschaft und Vertrauen.

Sophie und Tim: Sophie und Tim waren seit ein paar Monaten zusammen und es schien, als ob alles perfekt lief. Doch in letzter Zeit hatte Sophie das Gefühl, dass Tim sich ein wenig von ihr distanzierte. Er schaute ihr nicht mehr in die Augen und vermied körperliche Berührungen. Eines Abends beschlossen sie, einen romantischen Spaziergang am Strand zu machen. Als sie sich hinsetzten, um das Meer zu beobachten, nahm Sophie all ihren Mut zusammen und fragte Tim, ob er etwas auf dem Herzen hatte. Tim zögerte, aber dann entschied er sich, ehrlich zu sein. Er erklärte, dass er das Gefühl hatte, dass Sophie ihn nicht wirklich verstehen würde und dass er manchmal das Gefühl hatte, dass er sich verstellen müsse, um ihr zu gefallen. Sophie zeigte Verständnis und erklärte, dass sie ihn so akzeptierte, wie er war, und dass sie bereit war, an ihrer Kommunikation zu arbeiten. Sie sprachen lange über ihre Wünsche, Träume und Ängste und als das Gespräch beendet war, spürten sie, dass ihre Bindung stärker geworden war. Sie umarmten sich und küssten sich zärtlich. Sie wussten, dass sie füreinander gemacht waren und dass sie gemeinsam durch dick und dünn gehen würden.

Diese Kurzgeschichten zeigen, wie wichtig es ist, auf die Körpersprache seines Partners zu achten und wie eine offene und ehrliche Kommunikation dazu beitragen kann, die Beziehung zu stärken und wieder aufleben zu lassen.

Gentleman und Körpersprache

Wenn ein Gentleman eine Frau beeindrucken und für sich gewinnen möchte, ist seine Körpersprache ein wichtiger Faktor. Es geht darum, eine positive Ausstrahlung und eine offene Haltung zu zeigen, um der Frau zu signalisieren, dass er an Ihrer Person interessiert ist und sich auch für sie als Frau interessiert. Ein Gentleman, der sich seiner Körpersprache bewusst ist, kann durch gezielte Signale das Interesse einer Frau wecken und eine positive Atmosphäre schaffen.

Ein wichtiger Aspekt der Körpersprache ist der Blickkontakt. Ein Gentleman schaut einer Frau während des Gesprächs immer wieder direkt in die Augen, was auf körperlicher Ebene Vertrauen und Offenheit signalisiert. Dabei sollte der Blick nicht starr und unangenehm, sondern warm und freundlich sein. Der Blickkontakt sollte gehalten werden, um Vertrauen und Offenheit zu vermitteln. Auch ein sanftes begleitendes Lächeln kann Wunder wirken und vermittelt, dass man ein freundlicher und sympathischer Mann ist.

Ein Gentleman sollte auf eine aufrechte Körperhaltung achten und die Schultern zurücknehmen, um Selbstvertrauen auszustrahlen. Ein aufrechter, entspannter und offener Körper zeigt Selbstbewusstsein und Interesse. Der Gentleman sollte sich der Dame zuwenden und sich auf sie konzentrieren. Der Blick auf das Handy hat beim ersten Date nichts zu suchen. Stecken Sie das Gerät in die Tasche und widmen Sie Ihrer Auserwählten Ihre volle Aufmerksamkeit. Eine defensive Haltung mit verschränkten Armen und vorgebeugtem Oberkörper signalisiert dagegen Distanz und Desinteresse. Beim ersten Rendezvous sollte ein Mann seine Arme nicht verstecken und seine Aussagen mit angemessenen, aber nicht übertriebenen Gesten unterstützen.

Körperliche Berührungen können auch ein wichtiger Teil der Körpersprache sein. Ein Gentleman kann seine Hand leicht auf den Rücken der Frau legen, um sie in einen Raum zu führen oder ihr beim Überqueren einer Straße zu helfen. Dabei sollte er aber immer respektvoll und sensibel sein und sich nicht aufdrängen. Es ist auch wichtig, sich auf die nonverbalen Signale der Frau zu konzentrieren und darauf zu achten, ob sie offen und interessiert wirkt oder eher abweisend. Im letzteren Fall ist es notwendig, die Grenzen der Frau zu respektieren und sie nicht zu bedrängen. Eine

Berührung darf die Frau nie belästigen oder abschrecken. Das hat ein Gentleman immer im Blick. Fassen Sie eine Frau beim ersten Date oder in der Öffentlichkeit niemals an den Po oder andere intime Körperstellen – auch nicht in Form einer vielleicht nett gemeinten Geste.

Letztendlich geht es bei den nonverbalen Signalen beim ersten Date darum, eine authentische und positive Ausstrahlung zu haben und die Körpersprache als Werkzeug zu nutzen, um Interesse und Aufmerksamkeit zu signalisieren. Ein Gentleman sollte sich immer bewusst sein, dass es darum geht, eine positive Beziehung aufzubauen und nicht darum, sich um seine eigene Befriedigung zu kümmern.

Im romantischen Kontext kann eine angemessene Körpersprache dazu beitragen, die Verbindung zwischen einem Gentleman und seiner Partnerin zu stärken und tieferes Vertrauen und Intimität zu fördern. Durch sanfte Berührungen und einfühlsame Gesten kann ein Gentleman das Vertrauen seiner Partnerin gewinnen und ihr zeigen, dass er sich um sie kümmert. Eine leichte Berührung am Arm oder an der Schulter kann eine Verbindung herstellen und Interesse signalisieren. Es sollte jedoch darauf geachtet werden, dass die Berührungen angemessen und nicht aufdringlich sind.

Gestik ist ein wichtiger Teil der Körpersprache. Ein Gentleman sollte seine Gesten bewusst einsetzen, um seine Worte zu unterstreichen. Dabei sollten die Bewegungen nicht über-trieben oder nervös wirken, sondern ein natürlicher Ausdruck seiner Worte sein. Ein Mann, der sich kaum bewegt, kann auf eine Frau verschlossen und unheimlich wirken. Ein Mann, der beim ersten Date zu stark und hektisch gestikuliert, kann bei einer Frau Nervosität oder Unruhe auslösen.

Neben diesen Aspekten ist auch die Mimik wichtig. Ein Gentleman sollte lächeln und freundlich wirken, um eine positive Atmosphäre zu schaffen. Dabei sollte das Lächeln echt und nicht aufgesetzt sein. Ein natürliches Lächeln ist immer besser als ein gekünsteltes und unnatürliches Lachen. Frauen mögen es, wenn Männer im Gespräch durch ein Lächeln Zustimmung signalisieren. Lächeln Sie, wenn eine Frau etwas sagt, das Ihnen gefällt.

Ein Gentleman, der sich seiner Körpersprache bewusst ist, kann durch gezielte Signale das Interesse einer Frau wecken und eine positive Atmosphäre schaffen. Achten Sie aber immer darauf, dass die Signale angemessen und nicht aufdringlich sind. Folgende Tipps helfen Ihre Körpersprache zu verbessern, um beim Date mit einer Frau selbstbewusster und offener zu wirken:

Blickkontakt: Versuchen Sie, Blickkontakt zu halten, ohne dabei starr oder unangenehm zu wirken. Schauen Sie der Frau in die Augen, während Sie mit ihr sprechen, aber vermeiden Sie es, sie anzustarren.

Lächeln: Ein freundliches Lächeln kann dazu beitragen, eine positive Atmosphäre zu schaffen. Aber auch hier gilt: Übertreiben Sie es nicht, sonst wirkt es unnatürlich.

Körperhaltung: Eine aufrechte und selbstbewusste Körperhaltung kann helfen, Souveränität und Stärke auszustrahlen. Vermeiden Sie es, zusammengekauert oder schlaff zu sitzen.

Gesten: Verwenden Sie gelegentlich Gesten, um Ihre Aussagen zu unterstreichen oder Ihre Gedanken zu verdeutlichen. Aber auch hier gilt: Übertreiben Sie es nicht und lassen Sie Ihre Gesten natürlich wirken.

Atmung: Versuchen Sie, ruhig und gleichmäßig zu atmen, um Nervosität oder Anspannung zu reduzieren.

Körperkontakt: Wenn die Stimmung stimmt, können auch gezielte Berührungen, wie z.B. ein kurzes Berühren des Armes oder der Hand, hilfreich sein, um eine Verbindung herzustellen. Vermeiden Sie es aber, aufdringlich zu werden. Ziehen Sie sich sofort zurück und entschuldigen Sie sich, wenn Sie merken, dass dies nicht erwünscht ist.

Insgesamt gilt: Seien Sie authentisch und natürlich, denn nichts wirkt unattraktiver als aufgesetztes Verhalten. Üben Sie vor dem Spiegel oder mit Freunden, um Ihre Körpersprache zu verbessern. Je mehr Sie üben, desto leichter wird es Ihnen fallen, bei einem Date selbstbewusst aufzutreten.

Kapitel 05:

Aktives Zuhören und schweigen

Das Rezept für die erfolgreiche Kommunikation

In diesem Kapitel geht es darum, wie man aktiv zuhört und warum es so wichtig für eine erfolgreiche Kommunikation ist. Aktives Zuhören ist eine Technik, die verwendet wird, um sicherzustellen, dass man die Nachricht einer Gesprächspartnerin im Ganzen versteht. Dabei geht es nicht nur um das Hören der Worte, sondern auch um das Verstehen der Emotionen und des Kontexts der Botschaft.

Warum ist aktives Zuhören wichtig?

Aktives Zuhören ist wichtig, weil es uns ermöglicht, eine Verbindung zu unserer Gesprächspartnerin aufzubauen und unsere Beziehung zu verbessern. Wenn wir aktiv zuhören, zeigen wir unserer Gesprächspartnerin, dass wir uns für das interessieren, was sie zu sagen hat, und dass wir bereit sind, uns Zeit und Mühe zu geben, um ihre

Gedanken und Gefühle zu verstehen. Dadurch fühlt sich unsere Gesprächspartnerin gehört und geschätzt.

Aktives Zuhören hilft uns auch, Missverständnisse zu vermeiden. Wenn wir aktiv zuhören, stellen wir sicher, dass wir die Nachricht unserer Gesprächspartnerin vollständig verstehen, bevor wir darauf reagieren. Das reduziert das Risiko von Fehlkommunikation und Missverständnissen, die zu Konflikten und Problemen führen können.

Wie funktioniert aktives Zuhören?

Aktives Zuhören ist eine Fähigkeit, die jeder lernen und verbessern kann. Es gibt einige Techniken, die dabei helfen können und eng mit der Körpersprache verbunden sind:

Blickkontakt: Schauen Sie Ihrer Gesprächspartnerin in die Augen, um ihr zu zeigen, dass Sie ihr aufmerksam zuhören. Nicken Sie zwischendurch zustimmend mit dem Kopf, wenn sie einer Meinung mit ihr sind.

Zusammenfassung: Fassen Sie das Gesagte in eigenen Worten zusammen, um sicher zu gehen, dass Sie es richtig verstanden haben: „Du hast gesagt, dass du…" „Lass mich das kurz zusammenfassen." „Fassen wir kurz zusammen."

Nachfragen: Fragen Sie nach, wenn Sie etwas nicht verstanden haben, um sicher zu gehen, dass Sie die

Aussage richtig verstanden haben: „Wenn ich das richtig verstanden habe, meinst du …" „Das hört sich für mich so an, als ob …"

Feedback geben: Geben Sie Feedback, um Ihrer Gesprächspartnerin zu zeigen, dass Sie sie verstanden haben. Sie können zum Beispiel sagen: „Ich verstehe, dass das für Sie wichtig ist" oder „Ich kann verstehen, wie Sie sich fühlen".

Schweigen: Verschonen Sie eine Frau im Gespräch mit guten Ratschlägen oder Themen, die eher zum Stammtisch im Sportverein oder zum Treffen mit anderen Männern passen. Schweigen, zuhören oder nachfragen ist immer besser als mit Stammtischparolen oder Männerklischees um sich zu werfen.

Hier ein Beispiel für aktives Zuhören: Stellen Sie sich vor, Sie haben ein Gespräch mit einer Freundin oder Bekannten, die gerade eine Trennung durchgemacht hat und an der Sie vielleicht mehr Interesse haben. Sie können aktiv zuhören, indem Sie Blickkontakt halten, ihr zuhören und dann zusammenfassen, was sie gesagt hat. Sie könnten auch nachfragen, wenn Sie etwas nicht verstanden haben, und Feedback geben, indem Sie sagen: „Es tut mir leid, dass du das durchmachen musstest. Ich kann mir sehr gut vorstellen, wie schwer es für dich sein muss." Mit einer Aussage wie dieser signalisieren Sie Anteilnahme und Verständnis, ohne gleich eine Lösung anzubieten. Das gibt Ihrer Freundin ein Gefühl, gehört zu werden und sie wird Ihnen möglicherweise mehr erzählen und Ihnen ihr Herz ausschütten.

Ein weiteres Beispiel ist, wenn Sie mit einer Kollegin sprechen, die Schwierigkeiten bei der Arbeit hat. Sie könnten aktiv zuhören, indem Sie sie fragen, was das Problem ist und ihr dann zuhören, während sie es erklärt. Sie könnten das Gehörte zusammenfassen, um sicherzustellen, dass Sie Ihre Kollegin richtig verstanden haben, und Feedback geben, indem Sie sagen: „Ich verstehe, dass dies für Sie eine Herausforderung darstellt. Lassen Sie uns sehen, wie sich das Thema weiterentwickelt. Ich stehe Ihnen gerne für ein weiteres Gespräch zur Verfügung."

Ein Gentleman ist nicht nur für seine höfliche und respektvolle Umgangsweise bekannt, sondern auch für seine Fähigkeit, aktiv zuzuhören. Dies ist besonders wichtig, wenn er eine Frau positiv beeindrucken und gleichzeitig auf ehrliche und offene Weise für sich gewinnen möchte. Sagen Sie im Gespräch innerlich zu sich selbst: „Ich höre jetzt zu und rede nicht. Ich möchte hören, was meine Gesprächspartnerin jetzt zu sagen hat. Ich konzentriere mich auf das, was sie mir jetzt mitteilt."

Aktives Zuhören in der Praxis

Wie genau setzt ein Gentleman das aktive Zuhören in der Praxis weiter um? Vervollständigen wir das Bild dazu.

Zunächst einmal bedeutet aktives Zuhören für den Gentleman, dass er sich wirklich auf sein Gegenüber konzentriert und seiner Partnerin seine volle Aufmerksamkeit schenkt. Dazu gehört auch, dass er sich Zeit nimmt und nicht nur oberflächlich zuhört. Ein Gentleman zeigt Interesse an dem, was die Frau sagt und stellt gezielte Fragen, um mehr über sie zu erfahren. Wenn sie spricht, schweigt er. Er unterbricht sie nicht. Wenn er eine wichtige Frage hat, bittet er darum, sie unterbrechen zu dürfen, bevor er spricht. Er korrigiert sie nicht. Erhält sich mit seiner Meinung zurück und versucht zu verstehen, bevor er seine Meinung kundtut.

Eine weitere Möglichkeit des aktiven Zuhörens ist das Paraphrasieren. Dabei wiederholt der Mann in seinen eigenen Worten, was die Frau gesagt hat: „Du hast gesagt, dass ...". „Du bis also der Meinung, dass ..." Dies zeigt nicht nur, dass er zugehört hat, sondern auch, dass er verstanden hat, was sie sagen wollte. Darüber hinaus kann ein Gentleman auch durch nonverbale Signale zeigen, dass er aktiv zuhört, z.B. durch Nicken oder kurze Bestätigungen wie „Ja" oder „Verstehe".

Ein weiterer wichtiger Aspekt des aktiven Zuhörens ist es, auf die Bedürfnisse und Gefühle der Frau einzugehen. Ein Gentleman kann dies tun, indem er einfühlsam reagiert und nach ihren Gefühlen fragt. Wenn die Frau zum Beispiel von einem Problem erzählt, kann der Gentleman seine Unterstützung anbieten und sie ermutigen, darüber zu sprechen: „Das tut mir sehr leid für dich." „Wie fühlst du dich dabei?", „Verstehe, wie gehst du damit um?" „Was fühlst du dabei? „Was macht das emotional mit dir?" Die Art und Weise, wie Frauen Probleme angehen und bewältigen, ist oft anders als bei Männern, die immer gleich eine Lösung anbieten. Allein durch das Gespräch und die Frage nach dem Gefühl wird Frauen klarer, wie eine Lösung aussehen könnte.

Aktives Zuhören kann nicht nur dazu beitragen, dass sich eine Frau verstanden und respektiert fühlt, sondern auch eine tiefere Verbindung zwischen dem Gentleman und seiner Gesprächspartnerin schaffen. Wenn eine Frau das Gefühl hat, dass sie wirklich gehört wird, wird sie auch eher bereit sein, sich zu öffnen und ihre Gedanken und Gefühle zu teilen.

Anders als Männer brauchen Frauen im Gespräch keine Lösungen, sondern das Gefühl, einen Mann gefunden zu haben, der einfach zuhört und die eine oder andere vertiefende Frage stellt. Für die Frau steht das Bedürfnis, sich auszudrücken, im Vordergrund, während der Mann immer zuerst nach einer Lösung sucht. Wenn es darum geht, Lösungen anzubieten, ist es oft verlockend, schnell mit Ratschlägen und Lösungen um sich zu werfen. Dies kann jedoch oft das Gefühl vermitteln, nicht wirklich zugehört und die Situation nicht verstanden zu haben. Wenn man sich jedoch die Zeit nimmt, zuzuhören und nachzufragen, kann man ein besseres Verständnis für die Situation und die Bedürfnisse der Frau entwickeln. Sie können dann gezieltere und angemessenere Lösungen anbieten und auch sicherstellen, dass diese ihren Bedürfnissen entsprechen. Verzichten Sie einfach auf Lösungen und hören Sie zu. Es sei denn, die Frau fragt konkret nach einer Lösung.

In der heutigen Zeit kann aktives Zuhören auch durch moderne Technologien unterstützt werden. Zum Beispiel kann ein Gentleman auch während eines Video- oder Telefonats darauf achten, dass er Blickkontakt hält und nicht durch Multitasking abgelenkt wird. Auch die Verwendung von Emojis oder anderen visuellen Elementen in Chats und in Messengern kann dazu beitragen, dass die Frau sich verstanden fühlt und eine positive Beziehung aufgebaut wird. Ein Gentleman, der aktiv zuhört, kann nicht nur seine Fähigkeit zur Kommunikation verbessern, sondern auch seine Beziehungen zu Frauen vertiefen. Durch seine respektvolle und einfühlsame Art schafft er ein Umfeld, in dem Frauen sich wohl und verstanden fühlen.

Lernen Sie aktives Zuhören über folgende Geschichten noch besser kennen:

Lisa und Jan: Lisa und Jan waren frisch verliebt und genossen jede Sekunde ihrer gemeinsamen Zeit. Sie hatten beide einen stressigen Job und es fiel ihnen manchmal schwer, genug Zeit füreinander zu finden. Eines Abends, nach einem langen Tag im Büro, trafen sie sich in einem kleinen Café in der Stadt. Sie bestellten Kaffee und Kuchen und begannen zu reden. Jan bemerkte schnell, dass Lisa heute besonders müde und abwesend wirkte. Er beschloss, ihr aktiv zuzuhören und sie zu unterstützen. Er legte seine Hand auf ihre und sagte: „Lisa, ich merke, dass du heute etwas belastet bist. Möchtest du darüber sprechen?" Lisa schaute ihm in die Augen und wusste sofort, dass sie ihm vertrauen konnte. Sie erzählte ihm von einem schwierigen Projekt im Büro und ihren Sorgen, es rechtzeitig fertigzustellen. Jan hörte aufmerksam zu, hielt den Blickkontakt und stellte ihr Fragen, um sicherzustellen, dass er alles richtig verstand. Er zeigte ihr, dass er da war und sie unterstützte. Als Lisa ihr Herz ausschütten konnte, fühlte sie sich erleichtert und verstanden. Jan nahm sie in die Arme und flüsterte ihr ins Ohr: „Ich bin so stolz auf dich, dass du dich diesen Herausforderungen stellst. Ich bin immer für dich da, wenn du mich brauchst." Lisa spürte, wie sehr er sie liebte und wie wichtig sie ihm war.

Sarah und Tom: Sarah und Tom waren seit vielen Jahren verheiratet und hatten gemeinsam Höhen und Tiefen durchgemacht. Eines Abends saßen sie zusammen im Wohnzimmer, als Sarah anfing, von ihren Ängsten zu sprechen. Sie hatte in letzter Zeit immer öfter das Gefühl, dass sie nicht genug Zeit miteinander verbrachten und dass ihre Ehe abgekühlt war. Tom hörte aufmerksam zu und versuchte, Sarah zu verstehen. Er erkannte, dass es wichtig war, ihr aktiv zuzuhören und ihr zu zeigen, dass er da war. Er legte seine Hand auf ihre und sagte: „Sarah, ich verstehe deine Sorgen und Ängste. Ich bin hier und ich werde immer für dich da sein. Lass uns gemeinsam daran arbeiten, unsere Beziehung zu stärken." Sarah spürte, wie sehr Tom sie liebte und wie wichtig ihr die Beziehung war. Sie begann zu weinen und Tom nahm sie in die Arme. Er hielt sie fest und flüsterte ihr ins Ohr: „Ich liebe dich so sehr, Sarah. Du bist das Beste, was mir je passiert ist."

Emma und Henry: Emma und Henry waren seit über 60 Jahren verheiratet und hatten ein langes, erfülltes Leben miteinander verbracht. Doch in letzter Zeit hatte Henry immer öfter Schwierigkeiten, sich an Dinge zu erinnern. Emma spürte, wie sehr er sich bemühte und wie sehr er sich dafür schämte. Eines Tages saßen sie zusammen im Garten und Emma fing an, mit ihm zu sprechen. „Mein lieber Henry, ich weiß, dass es für dich nicht einfach ist, dich an Dinge zu erinnern, aber ich möchte, dass du weißt, dass ich immer für dich da sein werde", sagte Emma und nahm seine Hand. Henry blickte sie mit Tränen in den Augen an und sagte: „Ich danke dir, meine Liebe. Es tut mir leid, dass ich nicht mehr alles im Kopf behalten kann." Emma lächelte ihm liebevoll zu und erwiderte: „Du musst dich nicht entschuldigen, Henry. Ich weiß, dass du alles tust, was du kannst, und ich bin stolz darauf, wie stark und mutig du bist." Sie verbrachten den restlichen Tag zusammen und sprachen über all die wundervollen Erinnerungen, die sie miteinander geteilt hatten. Emma war immer für Henry da und half ihm, sich an die Dinge zu erinnern, die er vergessen hatte. Sie waren einander so nahe wie nie zuvor und ihre Liebe wurde durch diese Herausforderung nur noch stärker. In den folgenden Jahren half Emma Henry, mit seiner Vergesslichkeit umzugehen, und sie blieben zusammen bis zum Ende ihres Lebens. Emma war immer da, um aktiv zuzuhören und Henrys Bedürfnisse zu verstehen, und ihre Liebe und Hingabe zueinander war unerschütterlich.

Diese kurzen Geschichten zeigen, dass aktives Zuhören in Verbindung mit positiven körpersprachlichen Signalen und Verständnis für den Partner nicht nur in jungen und mittelalten Beziehungen bei einem Date wichtig sind, sondern auch im Alter eine zentrale Rolle spielen können. Wenn wir uns bemühen, unsere Partnerinnen und Partner zu verstehen und uns in sie hineinzuversetzen, können wir selbst in schwierigen Zeiten eine starke und liebevolle Beziehung aufrechterhalten und natürlich auch im ersten Date punkten.

Aktiv Zuhören im Dialog

Zuhören ist das Eine. Aktiv Zuhören das Andere. Wer die richtigen Fragen stellt oder besser die Fragen auf die richtige Art stellt, kommt der Frau seiner Träume im Dialog näher und schenkt ihr die Aufmerksamkeit, die sie sich von einem Mann in der Kommunikation wünscht. Dabei sind offene Fragen der Schlüssel zum Erfolg:

1. Offene Fragen fördern das Gespräch und schaffen eine angenehme Gesprächsatmosphäre. Indem man offene Fragen stellt, signalisiert man, dass man an der Meinung und den Erfahrungen der Frau interessiert ist.
2. Offene Fragen helfen dabei, mehr über die Frau zu erfahren und eine Verbindung herzustellen. Durch das Stellen offener Fragen ermutigt man die Frau, mehr über sich selbst zu erzählen, und kann dadurch ihre Interessen, Werte und Persönlichkeit besser kennenlernen.
3. Offene Fragen sind weniger aufdringlich und respektieren die Grenzen der Frau. Indem man offene Fragen stellt, drängt man die Frau nicht in eine bestimmte Richtung oder gibt ihr keine unerwünschten Ratschläge.

Offene Fragen schaffen in einem ersten Date mit einer Frau eine positive Gesprächsatmosphäre, bei der Sie ganz einfach mehr über die Frau erfahren können ohne ihr im Gespräch Grenzen zu setzen. Es gibt viele offene Fragen, die einem jungen Mann und Gentleman dabei helfen können, eine Frau in der Tiefe besser kennenzulernen. Hier sind einige Beispiele:

- Was inspiriert dich im Leben?
- Was ist das Beste, was dir jemals passiert ist?
- Was ist dein größter Traum?
- Was sind deine größten Leidenschaften?
- Was bedeutet dir Freundschaft?
- Was sind deine Werte im Leben?
- Was ist dein Lieblingsbuch und warum?
- Was sind deine Ziele im Leben?
- Was sind deine Lieblingshobbys?
- Was machst du in deiner Freizeit?
- Was ist das Mutigste, das du jemals getan hast?
- Wenn du eine Sache an der Welt ändern könntest, was wäre das?
- Was ist der größte Traum, den du hast?
- Was ist das Verrückteste, das du jemals getan hast?
- Was ist das Schönste, was du jemals erlebt hast?
- Was ist das Beste an deiner Familie?
- Was war der lustigste Moment in deinem Leben?
- Wenn du ein Superheld wärst, welche Superkräfte hättest du?
- Wenn du irgendwo auf der Welt leben könntest, wo würdest du hinziehen?
- Was ist dein liebster Zeitvertreib?
- Welches Buch hast du zuletzt gelesen und was hat es dir vermittelt?
- Wenn du eine Zeitmaschine hättest, in welche Zeit würdest du reisen?
- Welches war das beste Geschenk, das du jemals bekommen hast?

- Welche Fähigkeiten würdest du gerne beherrschen?
- Was ist das Wichtigste in deinem Leben?
- Was ist deine Lieblingsmusik?
- Was war das schönste Kompliment, das du jemals bekommen hast?
- Wenn du unsichtbar sein könntest, was würdest du tun?
- Was möchtest du in deinem Leben noch unbedingt erreichen?
- Was bedeutet Freundschaft für dich?

Es ist wichtig, Fragen zu stellen, die Interesse wecken und gleichzeitig auch Raum für eine tiefere Diskussion bieten. Offene Fragen sind ein Schlüssel, um die Frau dazu zu bringen, sich zu öffnen und mehr über sich selbst preiszugeben. Ihre Fragen sollten intelligent und herausfordernd sein, aber ohne zu belästigen oder zu persönlich zu werden. Es ist auch wichtig, auf die Reaktionen der Frau zu achten und das Gespräch entsprechend anzupassen, um ein angenehmes Gesprächsklima aufrechtzuerhalten. Es ist von großer Bedeutung, dass die Fragen auf die Frau und die Situation angepasst sind und nicht wie ein vorbereitetes Interview wirken.

Der entscheidende Unterschied zwischen offenen und geschlossenen Fragen besteht darin, dass offene Fragen dazu dienen, längere und detailliertere Antworten zu erhalten, während geschlossene Fragen in der Regel mit

„Ja" oder „Nein" beantwortet werden können. Offene Fragen eignen sich besonders gut, um ein Gespräch in Gang zu halten und die Frau besser kennenzulernen. Sie können auch helfen, ein tieferes Verständnis für ihre Gedanken und Gefühle zu erlangen.

Geschlossene Fragen können nützlich sein, um schnell Informationen zu erhalten oder ein Thema abzuschließen. Sie sollten jedoch in einem Gespräch mit einer Frau sparsam eingesetzt werden, da sie die Konversation schnell beenden oder eine Gesprächspartnerin auf Distanz bringen können. Beispiele für geschlossene Fragen könnten sein:

- Hast du heute einen schönen Tag gehabt?
- Magst du Kaffee?
- Hast du schon einmal das Land besucht, in dem ich aufgewachsen bin?
- Warst du schon einmal auf einer Kreuzfahrt?
- Hast du Geduld?
- Möchtest du Kinder?

Ein Gentleman kann diese Fragen je nach Situation und Gesprächsverlauf anwenden. Offene Fragen eignen sich besonders gut, um ein tieferes Verständnis für die Frau zu erlangen und ein interessantes Gespräch aufrechtzuerhalten. Geschlossene Fragen können nützlich sein, um schnell Informationen zu erhalten oder ein Thema abzuschließen. Es ist jedoch wichtig, darauf zu achten, dass das Gespräch nicht zu oberflächlich wird. Es geht darum, immer wieder offene Fragen zu stellen, um tiefer in das Gespräch einzusteigen.

Vermeiden Sie bei einem Date geschlossene Fragen, die nur mit „Ja" oder „Nein" beantwortet werden können. Solche Fragen sind oft langweilig und bieten wenig Raum für ein Gespräch und ein Kennenlernen. Auch allzu persönliche Fragen, die die andere Person unangenehm berühren oder zu schnell zu intim werden könnten, sollten vermieden werden. Es ist wichtig, ein gewisses Maß an Respekt und Taktgefühl zu wahren und die andere Person nicht zu bedrängen oder zu belästigen. Vermeiden Sie beim ersten Gespräch oder Date Fragen, die als zu persönlich oder zu intim empfunden werden könnten. Dazu gehören Fragen nach dem Gehalt, der sexuellen Orientierung, der Familienplanung oder der politischen Einstellung. Auch Fragen, die negative Emotionen hervorrufen könnten, wie Fragen nach früheren Beziehungen oder schlechten Erfahrungen, sollten vermieden werden. Auch Fragen, die aufdringlich oder beleidigend wirken könnten, wie Fragen nach dem Gewicht oder dem Alter der Gesprächspartnerin, sollten vermieden werden. Der Schlüssel zum Herzen einer Frau liegt unter anderem in offenen Fragen. Die folgende Kurzgeschichte soll dies verdeutlichen:

Die Sonne sank langsam hinter den Wolkenkratzern der Stadt und tauchte den Himmel in ein warmes, orangefarbenes Licht. Es war ein perfekter Abend für ein Date, dachte sich ein junger Mann, als er die Straße entlang spazierte, um seine

Verabredung zu treffen. Er konnte es kaum erwarten, die junge Frau wiederzusehen, die er kurz in der U-Bahn kennengelernt hatte und war sehr neugierig darauf, mehr über sie zu erfahren. Als er schließlich in dem kleinen Café ankam, wo sie sich verabredet hatten, sah er sie schon am Tisch sitzen. Sie trug ein lässiges, aber dennoch elegantes Outfit und ihr langes braunes Haar fiel sanft über ihre Schultern. Sie lächelte ihm entgegen und er spürte, wie sein Herz einen Schlag aussetzte. Sie unterhielten sich angeregt über viele Themen, von Musik und Reisen bis hin zu ihren Träumen und Zielen im Leben. Der junge Mann nutzte die Gelegenheit, um seine offenen Fragen geschickt in die Konversation einzubauen, um mehr über sie zu erfahren. „Wenn du eine Sache in deinem Leben ändern könntest, was wäre es?", fragte er sie und sah ihr tief in die Augen. Die junge Frau überlegte einen Moment und antwortete schließlich: „Ich denke, ich würde mutiger sein und mehr Risiken eingehen. Ich habe das Gefühl, dass ich manchmal zu sehr in meiner Komfortzone bleibe." „Das verstehe ich", antwortete der junge Mann, „Aber ich denke, dass du nicht nur mutiger bist als du denkst, sondern auch sehr kreativ und inspirierend. Was ist dein Lieblingshobby oder was machst du gerne in deiner Freizeit?" Sie lächelte, als sie über ihre Liebe zur Fotografie sprach, und wie sie gerne Bilder von der Schönheit der Natur und des Stadtlebens machte. Der junge Mann war fasziniert und fragte weiter: „Wenn du die Möglichkeit hättest, irgendwo auf der Welt zu leben, wo würdest du hingehen und warum?" Die junge Frau dachte einen Moment nach und sagte dann: „Ich würde gerne in einer Stadt leben, die voller Kunst und Kreativität ist. Eine Stadt, in der ich neue Ideen und Inspiration finden kann." Der junge Mann lächelte und antwortete: „Ich denke, ich weiß genau, was du meinst. Ich liebe es auch, kreativ zu sein und ich glaube, dass wir beide uns da sehr ähnlich sind." Sie sahen sich tief in die Augen und der junge Mann spürte, wie sich eine starke Verbindung zwischen ihnen aufbaute. Die Romantik lag förmlich in der Luft. Und so verging die Zeit wie im Flug, während sie sich weiter unterhielten und sich besser kennenlernten. Der junge Mann wusste, dass er sie wiedersehen wollte und er hoffte, dass er eine Chance bekommen würde, ihr das zu zeigen. Am Ende des Dates verabschiedeten sie sich mit einer Umarmung und einem Kuss auf die Wange. Der junge Mann ging mit einem Lächeln auf dem Gesicht nach Hause und wusste, dass er eine ganz besondere Frau kennengelernt hatte.

Kapitel 06:

Wertschätzung

Wertschätzung & Beziehung

Wertschätzung ist ein wichtiger Aspekt in jeder Beziehung, insbesondere in der Anfangsphase des Kennenlernens. Wenn man sich gerade erst kennen gelernt hat, ist es wichtig, dem anderen Respekt und Anerkennung entgegenzubringen. Dies zeigt nicht nur, dass man den anderen als Person schätzt, sondern auch, dass man an einer weiteren Beziehung interessiert ist.

Eine Möglichkeit, Wertschätzung zu zeigen, ist, aktiv zuzuhören und aufmerksam zu sein. Wenn man mit jemandem spricht, sollte man nicht nur darauf achten, was man selbst sagt, sondern auch darauf, was die andere Person sagt. Es ist wichtig, einer Frau das Gefühl zu geben, dass man ihr zuhört und sich dafür interessiert, was sie zu sagen hat.
Ein weiterer wichtiger Aspekt ist, ihr Komplimente zu machen und ihre Stärken und positiven Eigenschaften zu

würdigen. Wenn man ihr sagt, dass man ihre Augen schön findet oder dass man ihre positive Ausstrahlung bewundert, zeigt man nicht nur Wertschätzung, sondern auch Interesse an der weiteren Beziehung. Darüber hinaus ist es wichtig, sie respektvoll zu behandeln und ihr gegenüber höflich und freundlich zu sein. Das bedeutet auch, sich für den anderen zu interessieren und nach ihren Interessen und Hobbys zu fragen. Im Großen und Ganzen geht es bei Wertschätzung darum, ihr das Gefühl zu geben, dass sie als Person wichtig und wertvoll ist. Wenn man sie so behandelt, wird sie sich wahrscheinlich auch wohler und sicherer fühlen und eher bereit sein, eine Beziehung einzugehen.

Hier sind einige wichtige Punkte zur Wertschätzung, die nicht nur für das erste Date, sondern auch für die weitere Beziehung zu einer Frau gelten:

- Sagen Sie Ihrer Partnerin regelmäßig, wie viel sie Ihnen bedeutet und wie sehr Sie sie schätzen.
- Zeigen Sie Interesse an den Interessen und Aktivitäten Ihrer Partnerin, indem Sie aktiv zuhören und sich beteiligen. Ermutigen Sie sie, ihre Aktivitäten nicht aufzugeben, wenn Sie mit ihr zusammen sind. Ermutigen Sie Ihre Partnerin, neue Dinge aktiv anzugehen.
- Machen Sie Ihrer Partnerin Komplimente und geben Sie ihr positives Feedback, um ihre Stärken und

Fähigkeiten anzuerkennen. Loben Sie Ihre Partnerin.

- Vermeiden Sie es, Ihre Partnerin zu kritisieren oder herabzusetzen. Konzentrieren Sie sich auf die positiven Aspekte Ihrer Beziehung. Sprechen Sie kritische Punkte nur in einer entspannten Situation an und beschreiben Sie die Situation, ohne zu beschuldigen oder gar belei-digend zu werden.
- Bemühen Sie sich um eine offene und ehrliche Kommunikation, um Missverständnisse und Konflikte zu vermeiden oder zu lösen. Bleiben Sie ehrlich und lügen oder verschweigen Sie nichts aus Liebe.
- Unterstützen Sie Ihre Partnerin in ihren Zielen und Träumen, indem Sie ihr helfen und sie ermutigen.
- Investieren Sie Zeit und Energie in Ihre Beziehung, indem Sie gemeinsame Aktivitäten planen und Zeit miteinander verbringen. Reservieren Sie sich regelmäßig Zeit für sich als Paar und brechen Sie gelegentlich aus dem Alltagstrott aus.

Wertschätzung und Respekt in Kleinigkeiten

Als Gentleman ist es Ihnen wichtig, einer Frau gegenüber Wertschätzung und Respekt zu zeigen. Doch wie können Sie das auf eine moderne und kreative Art und Weise umsetzen?

Ein erster Schritt ist, die Frau aufmerksam anzusehen und ihr beim Sprechen in die Augen zu schauen. Zeigen Sie Interesse an dem, was sie sagt, indem Sie aktiv zuhören und auch Fragen stellen. Das signalisiert, dass Sie die Frau und ihre Meinung wertschätzen. Wichtig ist auch, auf die Bedürfnisse der Frau einzugehen. Achten Sie auf ihre Körpersprache und ihre Signale, um herauszufinden, was sie braucht. Vielleicht möchte sie eine Pause machen, etwas trinken oder über ein bestimmtes Thema sprechen. Wenn Sie darauf eingehen, zeigen Sie ihr, dass Sie sich um sie kümmern und aufmerksam sind.

Auch kleine Aufmerksamkeiten können Wertschätzung ausdrücken. Überraschen Sie sie zum Beispiel mit einem kleinen Geschenk, einer Blume oder einem gemeinsamen Erlebnis. Das zeigt ihr, dass Sie an sie denken und sie wertschätzen.

Es ist wichtig, die Frau in ihrer Persönlichkeit und Individualität zu akzeptieren und zu respektieren. Lassen Sie ihr Raum für eigene Meinungen und Entscheidungen. Zeigen Sie ihr, dass Sie sie als eigenständige Person schätzen und nicht versuchen, sie zu verändern oder zu kontrollieren.

Frauen Wertschätzung entgegen zu bringen gehört zu den Grundsätzen eines Gentlemans. Indem Sie einer Frau aufmerksam zuhören, auf ihre Bedürfnisse eingehen, ihr kleine Aufmerksamkeiten schenken und ihre

Persönlichkeit respektieren, zeigen Sie ihr, dass Sie sie schätzen und bewundern:

- Nehmen Sie sich Zeit für sie: Zeigen Sie, dass Sie sich für die Frau interessieren, indem Sie ihr Ihre volle Aufmerksamkeit schenken und sich Zeit für sie nehmen. Das bedeutet, dass Sie sich während eines Gesprächs auf sie konzentrieren und nicht von anderen Dingen ablenken lassen.
- Lassen Sie ihr Raum: Frauen schätzen es, wenn Männer sie in ihrer Individualität respektieren und ihnen genügend Raum geben, um sich auszudrücken und ihre eigenen Interessen zu verfolgen. Geben Sie ihr das Gefühl, dass Sie sie unterstützen und ihr nicht im Weg stehen.
- Zeigen Sie Ihre Dankbarkeit: Wenn die Frau etwas für Sie tut, sei es auch nur eine kleine Gefälligkeit, zeigen Sie ihr, dass Sie ihre Hilfe und Unterstützung schätzen. Seien Sie dabei ehrlich und authentisch. Bieten Sie auch ihre Hilfe an, wenn dies angebracht ist.
- Gehen Sie auf ihre Bedürfnisse ein: Wenn die Frau Ihnen ihre Bedürfnisse oder Wünsche mitteilt, versuchen Sie, darauf einzugehen und ihr entgegenzukommen. Dies zeigt ihr, dass Sie sich um sie kümmern und sich für ihre Belange interessieren.
- Schaffen Sie positive Erinnerungen: Wenn Sie gemeinsam Zeit verbringen, bemühen Sie sich darum, dass diese Zeit so positiv wie möglich verläuft. Planen

Sie gemeinsame Aktivitäten, die ihnen beiden Spaß machen und die ihr so in positiver Erinnerung bleiben.

In einer Beziehung mit einer Frau ist es für Sie als Mann sehr wichtig, Ihrer Partnerin Wertschätzung entgegenzubringen. Wenn Sie keine oder nur wenig Wertschätzung zeigen, kann dies schwerwiegende Folgen für Ihre Beziehung haben. Es kann dazu führen, dass Ihre Partnerin sich nicht gesehen, geschätzt und geliebt fühlt. Dies hat zur Folge, dass sich Ihre Partnerin emotional distanziert, sich unverstanden fühlt oder sich Ihnen gegenüber nicht mehr öffnet. Es kann auch dazu führen, dass Sie sich immer mehr von Ihrer Partnerin entfremden und die Beziehung langsam zerbricht.

Deshalb ist es wichtig, dass Sie Ihrer Partnerin Wertschätzung und Anerkennung entgegenbringen. Achten Sie auf ihre Bedürfnisse und Interessen, hören Sie ihr aufmerksam zu und zeigen Sie ihr, dass Sie sie respektieren. Achten Sie auf Wertschätzung in den kleinen Dingen, wie man so schön sagt, und nutzen Sie jede Gelegenheit, die Beziehung durch wertschätzendes Verhalten positiv aufzuladen. Nur so kann eine Beziehung langfristig stabil und erfüllend sein. Es geht auch darum, eine Atmosphäre des Vertrauens, des Respekts und der Wertschätzung zu schaffen, nicht nur in der Beziehung, sondern vom ersten Date an. Seien Sie aufmerksam und nehmen Sie Ihre Partnerin mit ihren Bedürfnissen, Ängsten und Wünschen wahr. Wenn Ihnen das gelingt, hat Ihre

Beziehung eine solide Basis, die auch schwierige Zeiten überstehen kann.

Kapitel 07:

Den ersten Eindruck prägen

Von der Kleiderwahl bis zur Körperpflege

Das Aussehen spielt eine wichtige Rolle bei der Anziehungskraft zwischen zwei Menschen. Das gilt insbesondere für das erste Treffen mit einer Frau. Die richtige Kleidung kann dabei helfen, einen positiven Eindruck zu hinterlassen und das Interesse der Frau zu wecken.

Es ist allerdings ein häufiges Missverständnis, dass teure Kleidung oder Marken der Schlüssel zum Erfolg bei einem Date sind. Tatsächlich geht es nur um ein gepflegtes Äußeres und den richtigen Style. Es geht darum, dass Kleidung aufeinander abgestimmt ist und das Sie als Mann darin gut aussehen, sich wohlfühlen und damit ein entsprechendes Selbstbewusstsein ausstrahlen.

Es gibt heute viele preiswerte Kleidungsoptionen, die teuer aussehen können und Stil vermitteln. Es ist nicht notwendig, hunderte von Euro für ein Outfit auszugeben, wenn man stattdessen klug shoppen und Kleidungsstücke auswählen kann, die erschwinglich sind und dennoch elegant und stilvoll aussehen.

Moderne Frauen mit Stil legen oft nicht so viel Wert auf Marken, Geld oder teure Kleidung. Vielmehr schätzen sie Attribute wie Höflichkeit, Intelligenz und Selbstbewusstsein bei einem Gentleman. Ein gepflegtes Erscheinungsbild und ein ansprechender Stil können sicherlich dazu beitragen, aber es ist von großer Bedeutung, dass die Kleidung Ihre Persönlichkeit widerspiegelt und ihnen als Träger Selbstvertrauen verleiht.

In der Tat kann es manchmal sogar besser sein, nicht zu sehr auf Marken und teure Kleidung zu setzen. Ein zu starkes Bekenntnis zu Marken und teurem Luxus kann bei Frauen sogar arrogant oder unsympathisch wirken und den Eindruck erwecken, dass man versucht, mit Geld oder Status zu beeindrucken, anstatt durch seine Persönlichkeit und seinen Charakter. Natürlich gibt es auch Frauen, die genau darauf Wert legen. Verurteilen sollten Sie dies jedoch nicht. Es wäre unangebracht, pauschal zu sagen, ob es sich lohnt, mit Frauen, die Wert auf Geld, teure Kleidung und Marken legen, eine Beziehung einzugehen oder nicht. Jeder Mensch hat unterschiedliche Vorlieben, Interessen und Prioritäten, die Einfluss auf die Partnerwahl haben können. Wenn Mann und Frau beide Wert auf Marken und teure Kleidung legen, liegen die Interessen diesbezüglich beieinander. Es kommt dann zu einer nicht ganz unwichtigen Gemeinsamkeit.

Denken Sie daran, dass die Entscheidung, ob eine Frau eine geeignete Partnerin ist oder nicht, von vielen verschiedenen Faktoren abhängt, einschließlich ihrer Werte, Interessen und Persönlichkeit. Wenn eine Frau viel Wert auf teure Kleidung, Marken und Geld legt, kann das bedeuten, dass sie einen bestimmten Lebensstil oder sozialen Status bevorzugt. Dies muss nicht automatisch bedeuten, dass sie oberflächlich oder materialistisch ist, sondern kann auch bedeuten, dass sie bestimmte Ansprüche an sich selbst und ihre Umgebung stellt.

Es ist auch möglich, dass eine Frau, die Wert auf teure und exquisite Dinge legt, andere Eigenschaften hat, die für eine Beziehung wichtig sind, wie Ehrlichkeit, Treue oder Intelligenz. Daher ist es ratsam, eine Frau nicht nur nach ihren Vorlieben für Geld, teure Kleidung oder Marken zu beurteilen, sondern auch ihre Persönlichkeit und andere wichtige Faktoren zu berücksichtigen.
Letztendlich ist es für eine erfolgreiche und glückliche Beziehung wichtig, dass beide Partner die gleichen oder ähnliche Werte und Interessen teilen. Bei der Frage, ob eine Frau, die Wert auf Geld, teure Kleidung und Marken legt, eine geeignete Partnerin ist oder nicht, gibt es kein „richtig" oder „falsch". Es kommt auf die individuelle Situation und die Bedürfnisse und Wünsche der Beteiligten an. Überlegen Sie sich aber auch, ob Ihr persönlicher

Lebensstil und Ihr Einkommen mit dem Lebensstil oder dem gewünschten Lebensstil Ihrer zukünftigen Partnerin übereinstimmt. Das muss oder sollte passen.

Kurz gesagt, ein gepflegtes und stilvolles Äußeres kann helfen, einen guten Eindruck bei einem Date zu hinterlassen, aber es ist nicht notwendig, Unmengen von Geld für teure Markenkleidung auszugeben. Was wirklich zählt, ist das Selbstbewusstsein und die Ausstrahlung, die man mitbringt. Besinnen Sie sich auf Ihre Werte, entspannen Sie sich, wählen Sie Kleidungsstücke, die zu Ihnen passen und strahlen Sie Selbstbewusstsein aus. Das wird ein großes Plus beim ersten Date sein.

Hier sind einige Vorschläge für die richtige Kleiderwahl, die von traditionell bis modern ganz unterschiedliche Outfits beschreiben:

- Klassischer Anzug: Ein sehr gut sitzender Anzug in klassischem Schwarz oder Dunkelblau ist eine sichere Wahl für ein erstes Treffen. Es zeigt, dass Sie sich angemessen kleiden und es ernst meinen.
- Hemd und Jeans: Ein schickes Hemd und eine gut sitzende Jeans vermitteln ein entspanntes und lässiges Flair, das für ein erstes Date geeignet sein kann.
- Blazer und Hose: Ein schicker Blazer und passende Hose verleihen einen professionellen Look und zeigen Selbstbewusstsein und Stilbewusstsein.

- Poloshirt und Chinos: Ein Polo-Shirt und eine bequeme Chinos Hose sind eine gute Wahl für ein informelles Treffen. Es zeigt, dass Sie sich um Ihr Aussehen kümmern und sich dennoch nicht zu sehr anstrengen.
- Rollkragenpullover und Hose: Ein Rollkragenpullover kann ein stilvoller und modischer Look sein, der für ein entspanntes Treffen geeignet ist.
- Lederjacke und Jeans: Eine Lederjacke verleiht jedem Look eine gewisse Eleganz, wenn sie mit einer bequemen Jeans kombiniert wird.
- Sportlicher Look: Ein sportlicher Look mit einem passenden Sportanzug kann gut aussehen und bequem sein, wenn Sie zusammen etwas Aktives unternehmen wollen.
- Maßgeschneidertes Hemd und Hose: Ein maßgeschneidertes Hemd und eine passende Hose verleihen Ihnen eine individuelle Note und können ein Zeichen für Ihr Stilbewusstsein sein.
- Kariertes Hemd und Jeans: Ein kariertes Hemd und eine bequeme Jeans sind eine beliebte Wahl für ein informelles Treffen. Es zeigt, dass Sie ein lässiges und modisches Outfit tragen können.
- Mantel und Anzughose: Ein Mantel verleiht jedem Outfit eine elegante Note und kann gut mit einer Anzughose oder einem schicken Hemd kombiniert werden.
- T-Shirt und Shorts: Ein T-Shirt und elegante Shorts können eine gute Wahl für ein Treffen im Freien sein. Es zeigt, dass Sie bequem und entspannt sind und dennoch auf Ihr Aussehen achten.

- Schwarzes Hemd und Jeans: Ein schwarzes Hemd und eine bequeme Jeans können eine elegante Wahl sein, die Ihnen einen Hauch von Klasse verleiht.
- Hemd und Cardigan: Ein schickes Hemd mit einem gemütlichen Cardigan darüber kann ein stilvoller und bequemer Look sein.
- Dunkelblaue Jeans und weißes Hemd: Ein weißes Hemd und dunkelblaue Jeans sind eine klassische Kombination, die eine gewisse Eleganz ausstrahlt.
- Sakko und Hemd: Ein Sakko über einem Hemd kann Ihrem Outfit eine formelle Note verleihen, die für ein wichtiges Treffen gut geeignet ist.

Insgesamt kann die richtige Kleiderwahl Ihre Persönlichkeit unterstreichen, Ihr Selbstvertrauen stärken und Ihnen helfen, einen positiven Eindruck zu hinterlassen. Es ist wichtig, Kleidung zu tragen, in der Sie sich wohl fühlen und die Ihrem persönlichen Stil entspricht. Eine zu auffällige oder übertriebene Kleiderwahl kann das Interesse einer Frau ebenso mindern wie eine nachlässige oder unpassende Kleidung.

Neben der Kleidung gibt es weitere Faktoren, die ein Treffen positiv beeinflussen können. Ein gepflegtes Äußeres, eine angemessene Körperhygiene und ein selbstbewusstes Auftreten sind ebenfalls wichtige Aspekte. Letztlich geht es darum, positive Energie auszustrahlen und eine angenehme Atmosphäre zu schaffen, in der sich beide Gesprächspartner wohl fühlen. Bei einer Verabredung mit einer Frau sollte man immer darauf achten, dass man ihr optisch gefällt.

Die Körperpflege ist bei einem Date mit einer Frau von großer Bedeutung. Ein gepflegter Körper zeigt, dass man auch innerlich ein gepflegter Gentleman ist und kann wesentlich dazu beitragen, beim ersten Date einen positiven Eindruck zu hinterlassen. Auch wenn es mit der Kleiderwahl manchmal nicht ganz klappt, ein gepflegter Körper ist Pflicht. Frauen legen sehr großen Wert darauf. Heutzutage gibt es viele kreative Möglichkeiten, bei einem Rendezvous frisch und sauber auszusehen. Ein Gentleman achtet auf eine umfassende Körperpflege, die weit über Duschen und Zähneputzen hinausgeht. Hier einige Beispiele für die perfekte Körperpflege vor einem Date:

- Rasur: Ein glatter Bart oder ein rasiertes Gesicht vermittelt einen gepflegten Eindruck und zeigt, dass der Mann sich um sein Aussehen kümmert.
- Maniküre: Saubere und gepflegte Nägel sind ein Muss für ein gepflegtes Aussehen. Eine Maniküre kann dabei helfen, die Nägel zu trimmen und polieren, um ein perfektes Ergebnis zu erzielen. Achten Sie darauf, die Fingernägel kurz zu halten und seitlich mit einer Nagelpfeile abzurunden. Sorgen Sie dafür, dass Ihre Nägel gesund aussehen und nicht verschmutzt sind.
- Deodorant: Ein gutes Deodorant kann dazu beitragen, den Körpergeruch unter Kontrolle zu halten und für ein angenehmes Dufterlebnis zu sorgen. Ein dezentes

Deodorant ist grundsätzlich immer besser als ein aufdringlicher Billig- oder Markenduft aus der Drogerie. Junge Männer versuchen oft, unangenehmen Körpergeruch mit einem kräftigen Deo zu übertünchen. Besser ist es, sich direkt vor dem Date zu waschen und ein Deo frisch aufzutragen. Wenn sich die Bakterien in ihrem Schweiß mit dem Duft des Deos vermischen, kann dies für eine Frau mehr als unangenehm riechen.

- Haarpflege: Sauberes, gepflegtes und frisiertes Haar ist wichtiger Aspekt einer guten Körperhygiene. Eine regelmäßige Haarwäsche und die Anwendung von Stylingprodukten können dazu beitragen, dass das Haar eines Mannes perfekt aussieht. Schuppen, die auf dunkle Kleidung fallen, wirken extrem ungepflegt. Das gilt es bei der Kleiderwahl zu berücksichtigen, wenn ein Problem damit vorhanden ist. Denken Sie auch dran, die Haare in den Ohren, in der Nase und um die Augenbrauen herum zu schneiden. Es kommt dabei immer auf die Details an. Eine Frau, die darauf Wert legt, schaut sich das immer im Detail an. Jedes ungepflegt abstehende Haar fällt auf. Ein Bart sollte immer gewaschen, geschnitten und gepflegt sein.

- Parfüm: Ein Hauch von Parfüm kann ein perfektes Finish sein und die Körperpflege ergänzen. Es ist jedoch wichtig, nicht zu viel Parfüm zu tragen, da ein übermäßiger Duft die Frau abstoßen kann. Wenn Sie einen angenehmen Eigengeruch haben, verzichten Sie besser auf ein Parfüm. Sie stellen so sicher, dass die Frau ihren persönlichen Eigengeruch beim ersten Date besser wahrnehmen kann. Fragen Sie eine Freundin oder Bekannte, wie Sie in Natura riechen. Es gibt einige Frauen, denen der Eigengeruch eines Mannes viel besser gefällt als ein Parfüm.

- Zahnpflege: Eine gute Zahnpflege, einschließlich regelmäßigem Zähneputzen, Zahnseide und Mundwasser, ist ein Muss für ein perfektes Date-Lächeln. Wenn Sie unter Mundgeruch leiden, klären Sie, ob das Thema eine medizinische Ursache hat. Spätestens bei der ersten Übernachtung mit ihrer neuen Partnerin wird das auffallen. Rauchern kann ich nur die Empfehlung geben, vor, bei und nach einem Date nicht mehr zu rauchen, wenn Sie sich mit einer Nichtraucherin verabreden. Wenn Sie vor dem Date einen Kaugummi kauen, hat dieser beim Date nichts zu suchen. Das ist weder lässig noch zeugt es von Stil.

- Hautpflege: Eine gepflegte Haut ist ein Zeichen von Gesundheit und Wohlbefinden. Eine regelmäßige Reinigung und Feuchtigkeitspflege können dabei helfen, die Haut frisch und glatt zu halten. Cremen Sie Ihre Haut regelmäßig morgens und abends ein. Die Feuchtigkeit hält Ihre Haut gesund und länger jung. Die Haut wird vor negativen äußeren Einflüssen geschützt, riecht besser und fühlt sich weicher an. Rasieren Sie sich vorher, wenn Sie keinen Bart tragen.

- Saubere und gepflegte Kleidung: Eine saubere und gepflegte Kleidung ist ebenfalls ein wichtiger Aspekt der Körperhygiene. Es ist wichtig, dass die Kleidung frisch und frei von Flecken oder unangenehmen Gerüchen ist.

Wenn selbst alles stimmt und Sie mit ungebügelter oder ungepflegter Kleidung zum Date erscheinen, wird das negativ auffallen.

Frauen achten bei einem ersten Date ganz besonders auf die Körperhygiene. Es ist wichtig, dass Männer sich mit einem sauberen und gepflegten Erscheinungsbild präsentieren und sehr gut riechen, um das Interesse der Frau zu wecken. Frauen achten auf Details wie saubere Nägel, gepflegte Haare, einen angenehmen Duft oder Eigenduft und eine saubere Kleidung. Ein gepflegter und gut riechender Gentleman zeigt Respekt und Wertschätzung für die Frau und kann damit einen ersten positiven Eindruck hinterlassen. Wer darauf keinen Wert legt, verliert mindestens 50% seiner Dating-Chance.

Nehmen Sie Geruch auf

Der Geruchssinn ist ein wichtiger Faktor bei der Partnerwahl sowohl bei Männern als auch bei Frauen. Es ist wissenschaftlich bewiesen, dass Frauen besonders sensibel auf den Geruch von Männern reagieren und diesen als ein entscheidendes Kriterium bei der Partnerwahl betrachten.

Der Geruch eines Mannes kann aufgrund der von ihm produzierten Hormone Aufschluss über seine biologische Fitness und Gesundheit geben. So kann der Geruch eines

Abbauproduktes des männlichen Hormons Testosteron im Schweiß eines Mannes das Interesse einer Frau wecken. Dieses Pheromon mit dem Namen Adostradinon konnten kalifornische Forscher in einem Test nachweisen. Wenn Frauen dieses Pheromon riechen, verbessern sich ihre Stimmung und ihr Gemütszustand. Außerdem stieg der Spiegel des Stresshormons Corticosteron, das den Körper in Erregung versetzen kann. Die Studie wurde von Claire Wyart und ihren Kollegen von der University of California im Journal of Neuroscience 2007[1] veröffentlicht. Andere Studien, wie die der Universität Bern[2] aus dem Jahr 2018 (https://royalsocietypublishing.org/doi/10.1098/rspb.2018 .1520), haben gezeigt, dass Frauen kurz vor dem Eisprung besonders empfindlich auf männliche Gerüche reagieren oder durch den Eisprung mit erhöhten Pogesteron- und Östrogenspiegeln im Blut selbst attraktiver auf Männer wirken. In jedem Fall soll der Geruch von Pheromonen einen nachweisbaren Einfluss auf die Körperfunktionen und die Stimmung einer Frau haben. Männer, die bereits mit einer Frau zusammen sind, haben vielleicht schon Komplimente von ihrer Partnerin gehört wie „Du riechst so gut", „Ich mag deinen Körpergeruch" oder Ähnliches.

Was in den Studien nicht direkt nachgewiesen werden konnte, ist, dass der Geruch aufgrund genetischer Faktoren eine Rolle spielt.

(1): scinexx, das Wissensmagazin, 12.09.2018, Bericht der Universität Bern vom 12.09.2018; (2): Stern, 07.02.2007

Der Geruch eines Mannes ist für die Partnerwahl einer Frau also von Bedeutung. Allerdings ist der Geruch nur einer von vielen Faktoren, denn natürlich spielen auch andere Aspekte wie Persönlichkeit, Aussehen und Charakter eine Rolle bei der Partnerwahl. Dennoch sollte die Wirkung des Geruchs nicht unterschätzt werden. Es ist durchaus möglich, dass man sich beim ersten Date überhaupt nicht riechen kann. In seltenen Fällen kann dies ein Gespräch so stark beeinträchtigen, dass es sich nicht lohnt, weiterzumachen.

Achten Sie darauf, dass Sie sich und der Frau zu Beginn der Beziehung die Möglichkeit geben, sich deutlich wahrzunehmen und auch zu riechen. Wenn Sie sich etwas angenähert haben und unaufdringlich sind, können Sie eine aufgeschlossene Frau unverbindlich fragen, ob es ihr etwas ausmacht, wenn Sie sich ihr nähern und kurz an ihr riechen. Da dies in den meisten Fällen auch umgekehrt für die Frau interessant ist, werden Sie wahrscheinlich auf Zustimmung stoßen. Je gepflegter Sie auftreten, desto eher wird Ihre Gesprächspartnerin zustimmen. Achten Sie aber immer darauf, die Frau nicht zu belästigen und ziehen Sie sich sofort zurück, wenn dies nicht erwünscht ist. Der Geruch ist nur ein Faktor neben vielen anderen. Es ist in einer Beziehung aber einfach von Vorteil, wenn man sich gegenseitig gut riechen kann.

Kapitel 08:

Sich selbst treu bleiben

und aus der Komfortzone ausbrechen

Wie man sich selbst treu bleibt und gleichzeitig seine Komfortzone verlässt:

Eine der größten Herausforderungen für einen Mann ist es, sich selbst treu zu bleiben und gleichzeitig einer Frau zu gefallen. Die Wahrheit ist jedoch, dass es möglich ist, beides unter einen Hut zu bringen, wenn man sich auf eine Reise der Selbstfindung begibt und gleichzeitig bereit ist, seine Komfortzone zu verlassen.

Zunächst ist es wichtig, dass ein Mann sich selbst und seine Werte kennt. Es ist wichtig, sich im Klaren darüber zu sein, wer man ist und was man im Leben erreichen möchte. Wenn man seine Werte und Überzeugungen definiert, hat man einen klaren Kompass für sein Leben und eine klare Vorstellung davon, was man will und was nicht.

Wenn es darum geht, einer Frau zu gefallen, kann es hilfreich sein, die eigenen Stärken und Schwächen zu kennen. Als Mann und Gentleman kann man sich fragen: Was sind meine besten Eigenschaften? Was macht mich einzigartig und interessant? Wie kann ich diese Eigenschaften einsetzen, um einer Frau zu gefallen?

Es ist von Vorteil, sich daran zu erinnern, dass es in Ordnung ist, seine Komfortzone zu verlassen, um einer Frau zu gefallen. Es geht darum, neue Dinge auszuprobieren und seinen eigenen Horizont zu erweitern. Das bedeutet nicht, dass man seine Werte oder seine Persönlichkeit aufgeben muss, sondern dass man bereit ist, neue Erfahrungen zu machen und sich auf neue Situationen einzulassen.

Hier sind einige Tipps, wie Sie sich als Mann selbst treu bleiben und trotzdem aus Ihrer Komfortzone ausbrechen können, um einer Frau zu gefallen:

Entdecken Sie neue Hobbys oder Aktivitäten: Versuchen Sie etwas Neues auszuprobieren, wie zum Beispiel einen Tanzkurs oder eine Klettertour. Es kann eine großartige Möglichkeit sein, eine Frau kennenzulernen und gleichzeitig Ihre eigenen Grenzen zu erweitern.

Erweitern Sie Ihren geistigen Horizont: Lesen Sie Bücher oder schauen Sie Filme und Dokumentationen, die Sie herausfordern und inspirieren. Sie können neue

Perspektiven und Ideen gewinnen, die Ihre Gespräche mit Frauen interessanter machen und Ihnen helfen, sich selbst besser kennenzulernen.

Experimentieren Sie mit Ihrem Stil: Es kann eine aufregende Erfahrung sein, mit Ihrer Kleidung und Ihrem Aussehen zu experimentieren. Sie können neue Stile und Trends ausprobieren, die Ihren persönlichen Stil ergänzen und Ihr Selbstvertrauen stärken. Einen bevorzugten persönlichen Kleidungsstil für sich zu entwickeln, der sich von der Masse abhebt, zeugt von Stil.

Seien Sie authentisch: Wenn Sie einer Frau gefallen wollen, ist es wichtig, dass Sie authentisch bleiben. Versuchen Sie nicht, jemand anderes zu sein, sondern bleiben Sie Sie selbst. Frauen schätzen Männer, die sich selbst treu bleiben und selbstbewusst sind. Eine andere Meinung oder Einstellung ist für die meisten Frauen in Ordnung, wenn Sie nicht versuchen, sie ihnen aufzuzwingen.

Seien Sie offen und ehrlich: Es ist wichtig, dass Sie offen und ehrlich sind, wenn es darum geht, Ihre Interessen und Werte zu teilen. Frauen schätzen Männer, die ihre Meinungen und Ideen teilen und gleichzeitig bereit sind, zuzuhören und zu lernen.

Respektvoll sein: Es ist wichtig, Frauen mit Respekt zu behandeln und ihre Grenzen zu respektieren. Frauen schätzen Männer, die sie mit Respekt behandeln und ihnen das Gefühl von Sicherheit und Wertschätzung geben.

Seien Sie neugierig: Zeigen Sie Interesse an der Frau, die Sie treffen, und stellen Sie ihr Fragen, um sie besser kennen zu lernen. Dies kann helfen, eine tiefere Beziehung aufzubauen und ihr das Gefühl zu geben, dass Sie wirklich an ihr interessiert sind.

Seien Sie selbstbewusst: Es ist wichtig, dass Sie selbstbewusst sind, wenn Sie einer Frau gegenüberstehen. Das bedeutet nicht, dass Sie überheblich oder arrogant sein sollen, sondern dass Sie Ihr Selbstvertrauen aus Ihrer inneren Stärke und Überzeugung beziehen.

Seien Sie romantisch: Zeigen Sie der Frau, dass Sie romantisch sein können, indem Sie ihr Komplimente machen, ihr die Tür aufhalten oder ihr Blumen schenken. Kleine Gesten können einen großen Unterschied machen und der Frau zeigen, dass Sie sie glücklich machen wollen.

Zeigen Sie Humor: Frauen mögen Männer, die sie zum Lachen bringen. Versuchen Sie also, humorvoll zu sein und Witze zu machen, um die Stimmung aufzulockern und ihr das Gefühl zu geben, dass Sie entspannt und selbstsicher sind.

Seien Sie abenteuerlustig: Frauen mögen Männer, die abenteuerlustig und spontan sind. Überraschen Sie sie und tun Sie etwas Unvorhersehbares, um ihre Aufmerksamkeit zu erregen und ihr das Gefühl zu geben, dass Sie für alles offen sind. Abenteuerlustig bedeutet nicht, dass die Frauen Sie mögen, weil Sie mutig sind und unnötige Risiken eingehen. Das ist nicht damit gemeint. Legen Sie lieber Wert auf Sicherheit, wenn es um ein Abenteuer geht. Das tun die meisten Frauen auch.

Seien Sie geduldig: Geben Sie der Beziehung Zeit und seien Sie geduldig, wenn es darum geht, eine tiefe Bindung aufzubauen. Frauen schätzen Männer, die auf ihre Bedürfnisse und Wünsche eingehen können und bereit sind, Zeit und Mühe in die Beziehung zu investieren.

Seien Sie offen für Veränderungen: Eine Beziehung erfordert Kompromisse und Veränderungen, damit sie wachsen und sich entwickeln kann. Seien Sie daher bereit, sich anzupassen und Veränderungen zu akzeptieren, um die Beziehung zu stärken.

Seien Sie loyal: Treue ist ein wichtiger Bestandteil jeder Beziehung. Seien Sie also loyal und vermeiden Sie es, andere Frauen anzustarren oder mit ihnen zu flirten, wenn Sie im ersten Date oder bereits in einer Beziehung sind. Niemand verbietet Ihnen, eine schöne oder attraktive Frau anzuschauen. Es zeigt aber keine Wertschätzung, wenn Sie dies in Gegenwart Ihrer Begleiterin tun.

Seien Sie kommunikativ: Offene und ehrliche Kommunikation ist der Schlüssel zu einer erfolgreichen Beziehung. Seien Sie also kommunikativ und teilen Sie Ihre Gedanken und Gefühle mit Ihrer Partnerin, um Missverständnisse und Konflikte zu vermeiden.

Seien Sie fürsorglich: Zeigen Sie ihr, dass Sie fürsorglich sind, indem Sie ihr zuhören, für ihre Gesprächpartnerin da sind, wenn sie Ihre Aufmerksamkeit braucht, und kleine Gesten der Zuneigung machen, wenn dies im ersten Date bereits von Seiten der Frau erlaubt ist.

Seien Sie romantisch: Ohne Romantik kann eine Beziehung nicht gedeihen. Überraschen Sie sie mit einem romantischen Abendessen, einem spontanen Wochenendausflug oder einem liebevollen Brief, um ihr zu zeigen, wie viel sie Ihnen bedeutet.

Seien Sie treu: Treue ist ein wichtiger Bestandteil jeder Beziehung. Halten Sie Ihre Versprechen und verletzen Sie ihre Gefühle nicht, indem Sie mit anderen Frauen flirten oder sie betrügen.

Seien Sie verständnisvoll: Zeigen Sie Verständnis und Mitgefühl, wenn sie schwierige Zeiten durchlebt oder Probleme hat. Seien Sie für sie da und unterstützen Sie sie, damit sie sich nicht allein fühlt.

Seien Sie großzügig: Zeigen Sie Ihre Großzügigkeit, indem Sie ihr kleine Geschenke machen oder sie zu besonderen

Anlässen verwöhnen. Dabei geht es nicht nur um das Geld, sondern auch um die Geste, dass Sie an sie denken und ihr etwas Besonderes schenken möchten.

Seien Sie liebevoll: Liebe ist die Grundlage jeder Beziehung. Zeigen Sie ihr Ihre Liebe mit Worten und Taten und geben Sie ihr das Gefühl, dass sie die wichtigste Person in Ihrem Leben ist.

Insgesamt ist es möglich, sich selbst treu zu bleiben und gleichzeitig aus der Komfortzone auszubrechen, um einer Frau zu gefallen. Indem man seine eigenen Stärken und Schwächen kennt und offen für neue Erfahrungen ist, kann man eine tiefere Verbindung zu Frauen aufbauen und gleichzeitig sein eigenes Selbstbewusstsein und Selbstvertrauen stärken. Es geht darum, sich selbst zu entdecken und zu wachsen, während man gleichzeitig die Bedürfnisse und Wünsche der Frauen, die man trifft, respektiert und schätzt. Das veranschaulichen die folgenden Beispiele mit kleinen Geschichten:

Bleiben Sie auhentisch: Simon war schon immer ein introvertierter Mensch. Als er sich jedoch mit seiner neuen Kollegin Sarah traf, beschloss er, aus seiner Komfortzone auszubrechen und sie auf einen spontanen Ausflug in die Stadt einzuladen. Er führte sie zu seinen Lieblingscafés und Geschäften, die er über die Jahre entdeckt hatte. Sarah war beeindruckt von Simons Ehrlichkeit und seinem Mut, sich selbst zu zeigen.

Glänzen Sie mit Höflichkeit: Michael traf sich mit seiner neuen Freundin Emma zu einem Abendessen in einem schicken Restaurant. Als sie ankamen, bemerkte er, dass ihre Stimmung etwas gedrückt war. Er erkannte, dass sie sich wegen ihrer Schuhe, die ihr weh taten, unwohl fühlte. Ohne zu zögern, bot er ihr an, seine Schuhe auszuziehen und Emma trug sie für den Rest des Abends. Es mag nicht die größte romantisch Geste sein, aber für Emma war es eine unglaublich freundliche Gefälligkeit, die ihr zeigte, dass Michael als Mensch fürsorglich und aufmerksam ist.

Zeigen Sie sich selbstlos: Tom war immer ein impulsiver Mensch. Als er sich jedoch in Rachel verliebte, beschloss er, ihr einen besonderen Tag zu schenken, anstatt nur für sich selbst zu handeln. Er plante einen romantischen Tagesausflug mit einem Picknick und einer Ballonfahrt. Obwohl er es nicht gewohnt war, so viel Zeit und Geld zu investieren, wusste er, dass Rachel es verdient hatte und hatte Freude daran, seine neue Liebe zu verwöhnen.

Zeigen Sie ein respektvolles Verhalten: Jack traf sich mit seiner Freundin Lisa und ihren Freunden zu einem Abendessen. Als sie sich hinsetzten, bemerkte Jack, dass einer von Lisas Freunden offensichtlich unwohl war. Er fragte ihn diskret, ob alles in Ordnung sei, und als er erfuhr, dass er eine Lebensmittelallergie hatte, bat Jack den Kellner, ihm ein alternatives Gericht zuzubereiten. Obwohl es für Jack selbstverständlich war, respektierte Lisa seine fürsorgliche Haltung und erkannte, dass er nicht nur an sich selbst, sondern auch an ihre Freunde dachte.

Schenken Sie Aufmerksamkeit: Als Sam zu seinem Date mit Marie kam, fiel ihm auf, dass sie eine neue Frisur hatte. Er kommentierte ihr Aussehen und fragte sie, ob sie zum Friseur gegangen sei. Marie war überrascht und erfreut, dass er ihre Veränderung bemerkt hatte und fühlte sich geschätzt und aufmerksam behandelt.

Spielen Sie mit Ihrer romantischen Ader: James wollte seiner Freundin Zoe eine besondere Überraschung bereiten. Er überraschte sie mit einem Abendessen im Kerzenschein, roten Rosen und einem selbstgemachten Dessert. Zoe war von der romantischen Geste begeistert und fühlte sich unglaublich geschätzt.

Zeigen Sie positive Neugier und Interesse: Alex traf sich mit einer neuen Bekanntschaft namens Julia und stellte ihr viele Fragen über ihre Interessen und Hobbys. Julia war überrascht, wie interessiert er an ihrem Leben war und wie viele Gemeinsamkeiten sie hatten. Diese gemeinsamen Interessen waren der Beginn einer tiefen Freundschaft und schließlich entstand daraus eine Liebesbeziehung.

Endecken Sie Ihre Abenteuerlust: Mark und seine Freundin Sarah entschieden sich für einen ungewöhnlichen Date-Ort: Sie gingen gemeinsam zum Paintball spielen. Mark war normalerweise kein Fan von

Extremsportarten, aber er wollte Sarah zeigen, dass er bereit war, für sie aus seiner Komfortzone auszubrechen. Sie hatten viel Spaß und es stärkte ihre Beziehung, dass sie zusammen etwas Neues und Aufregendes erlebt hatten.

Bleiben Sie selbstbewusst: Tom traf sich mit einer Frau namens Jess, die er online kennengelernt hatte. Obwohl er nervös war, beschloss er, sich selbstbewusst zu zeigen und das Date zu genießen. Er erzählte Jess von seinen Leidenschaften und Interessen und zeigte ihr, wer er wirklich war. Jess war beeindruckt von seiner Offenheit und seinem Selbstbewusstsein.

Setzen Sie Ihren Humor ein: Kevin traf sich mit seiner Freundin Laura zu einem lustigen Abend in einem Comedy-Club. Er nutzte die Gelegenheit, um seine humorvolle Seite zu zeigen und sie zum Lachen zu bringen. Sie hatten eine großartige Zeit zusammen und Laura schätzte Kevins Fähigkeit, seinen Humor mit einzubringen.

Zeigen Sie Ihre Spontanität: Paul und seine Freundin Anna entschieden sich für einen spontanen Wochenendausflug in eine nahe gelegene Stadt. Obwohl es nicht geplant war, hatten sie eine großartige Zeit zusammen und genossen die spontane Abwechslung von ihrem Alltag.

Setzen Sie Ihre Romantik ein (Geschichte 2): Joe und seine Freundin Lucy planten ein besonderes Abendessen zu Hause. Joe schmückte den Tisch mit Kerzen und Rosenblättern und servierte ein besonderes Menü. Während des Essens spielte er ihre Lieblingsmusik und tanzte mit ihr. Lucy fühlte sich sehr geschätzt und geliebt.

Mut gehört dazu: Dave traf sich mit einer Frau namens Sarah, die er schon lange mochte. Er beschloss, ihr seine Gefühle zu gestehen und ihr zu sagen, dass er sie gerne näher kennenlernen würde. Obwohl er Angst hatte, dass sie ihn ablehnen könnte, war er mutig genug, um seine Gefühle zu zeigen. Glücklicherweise erwiderte Sarah seine Gefühle, sie begannen eine Beziehung und hatten miteinander zwei Kinder.

Lassen Sie sich etwas einfallen: Steve und seine Freundin Michelle beschlossen, ihren Jahrestag mit einem besonderen Picknick am See zu feiern. Steve sorgte dafür, dass alles perfekt war, mit einem Picknickkorb voller Leckereien und einer selbstgemachten Karte. Er hatte auch ein kleines Geschenk für Michelle, um ihre Liebe zu feiern. Sie war von Steves Einfallsreichtum begeistert und fühlte sich sehr geschätzt.

Zeigen Sie liebevolle Gesten: John und seine Freundin Lisa gingen spazieren, als es anfing zu regnen. John zögerte nicht, seinen Mantel über sie zu legen, um sie vor dem Regen zu schützen. Lisa war von seiner liebevollen Geste berührt und wusste, dass er sie wirklich schätzte.

Insgesamt gibt es viele Möglichkeiten, wie ein Mann sich selbst treu bleiben und gleichzeitig aus seiner Komfortzone ausbrechen kann, um einer Frau zu gefallen. Es geht darum, aufmerksam zu sein, ihre Vorlieben zu berücksichtigen und offen zu sein für neue Erfahrungen. Aber es geht auch darum, authentisch zu sein und sich nicht zu verstellen, um einer Frau zu gefallen.

Am wichtigsten ist es, sich selbst zu kennen und zu akzeptieren. Wenn ein Mann sich wohl in seiner Haut fühlt und seine Stärken und Schwächen akzeptiert, wird er selbstbewusster und attraktiver wirken. Eine gesunde Selbstachtung ist der Schlüssel, um eine erfüllende Beziehung aufzubauen. Aufmerksam zu sein und zu lernen, was die Frau, die man interessiert, mag und schätzt, ist Kennzeichen eines Gentlemans. Eine kleine Geste kann oft mehr sagen als tausend Worte, also sollte man als Mann nicht unterschätzen, wie viel eine kleine Aufmerksamkeit einer Frau bedeuten kann. Am Ende ist es die Summe der kleinen, positiven Aufmerksamkeiten, die über den Grad der Liebe entscheidet.

Ein Mann, der sich selbst treu bleibt, aber auch bereit ist, aus seiner Komfortzone auszubrechen, um einer Frau zu gefallen, kann auf diese Weise eine ausgeglichene und erfüllende Beziehung aufbauen. Es geht darum, authentisch zu sein, aufmerksam zu sein und bereit zu sein, neue Erfahrungen zu machen. Wenn man diese Dinge berücksichtigt, wird man leichter die Frau finden, die wirklich zu einem passt und kann eine Beziehung aufbauen, die auf gegenseitigem Respekt, Vertrauen und Liebe beruht.

Das Ganze ist natürlich keine Einbahnstrasse. Ein Mann der sich so verhält, wie hier beschrieben, kann von einer Frau erwarten, dass er das Gleiche auch von ihr zurückbekommt. Natürlich sprechen wir hier in diesem Buch von idealtypischen Situationen. Es kann sein, dass man als Mann und auch als Gentleman nicht immer alles richtig macht. Der negative Effekt von Fehlern oder weniger wertschätzendem Verhalten wird jedoch durch die vielen positiven Momente reduziert, an die sich eine Frau erinnert, wenn sie Ihr negatives Verhalten bewertet.

Man könnte auch sagen, dass man als Gentleman in den Augen einer Frau sein Liebes- und Partnerkonto positiv auffüllt, um sich auch mal einen Fehltritt oder Fauxpas leisten zu können. Seien Sie aber immer vorsichtig und aufmerksam. Eine Frau verzeiht vielleicht zweimal, beim dritten Mal kann es schon zu spät sein. Frauen sind emotional nicht unbedingt so belastbar wie Männer in vergleichbaren Situationen. Vor allem, wenn sie durch das Fehlverhalten eines Partners tiefer verletzt werden. Das wird von Männern oft unterschätzt.

Kapitel 09:

Die Grenzen des Flirtens

Wie man wissen kann, wann es zu viel wird

Flirten kann eine aufregende und spannende Erfahrung sein, aber es gibt bestimmte Grenzen, die ein Mann und Gentleman respektieren sollte, um Respekt und Würde zu bewahren. Es gibt Verhaltensweisen, die ein Mann unbedingt vermeiden sollte, um keine Grenzen zu überschreiten.

Zunächst einmal sollte ein Mann immer respektvoll und höflich sein. Ein Gentleman sollte niemals vulgäre oder obszöne Bemerkungen machen oder sexistische Witze erzählen. Dies könnte eine Frau beleidigen oder ihr unangenehm sein. Stattdessen sollte ein Gentleman einen höflichen und respektvollen Ton verwenden und sich bemühen, eine angenehme Gesprächsatmosphäre zu schaffen.

Ein Mann sollte eine Frau auch niemals unter Druck setzen oder ihre Distanzschwelle überschreiten. Wenn eine Frau deutlich macht, dass sie nicht interessiert ist, sollte ein Mann dies respektieren und sich zurückziehen. Eine Frau sollte niemals belästigt oder bedrängt werden. Es ist wichtig, die Zustimmung einer Frau zu respektieren und niemals eine Frau zu etwas zu drängen oder zu überreden, was sie nicht will. Die Anwendung von körperlicher Kraft oder Gewalt, um etwas zu erzwingen, ist nicht nur strafbar, sondern ein absolutes No-Go. Vielen Männern ist nicht bewusst, dass auch Schreien oder Brüllen im weitesten Sinne als körperliche Misshandlung gilt.

Außerdem sollte ein Mann eine Frau niemals nur nach ihrem Aussehen oder ihrer Körperform beurteilen. Frauen sind keine Objekte, die man nach äußeren Merkmalen beurteilen kann. Ein Gentleman sollte sich vielmehr für die Frau als Ganzes interessieren, ihre Persönlichkeit respektieren und ihre Interessen kennenlernen.

Es ist auch wichtig, keine unangemessenen oder anzüglichen Kommentare über die Kleidung oder das Aussehen einer Frau zu machen. Das kann eine Frau unbehaglich fühlen lassen und ihre Würde verletzen. Stattdessen sollte ein Mann sich auf die inneren Qualitäten seiner Partnerin konzentrieren und sein Interesse an gemeinsamen Aktivitäten und Gesprächen zeigen.

Zusammenfassend lässt sich sagen, dass Männer als Gentlemen beim Flirten mit Frauen respektvoll, höflich und aufmerksam sein sollten. Sie sollten die Grenzen einer Frau respektieren, ihr Einverständnis einholen und niemals vulgäre oder unangemessene Bemerkungen machen. Indem man sich auf die Persönlichkeit und die Interessen einer Frau konzentriert und sie als Ganzes respektiert, kann man eine positive und respektvolle Flirtatmosphäre schaffen.

Natürlich gibt es noch weitere Punkte, die von Bedeutung sind, wenn es um das Flirten als Mann und Gentleman geht. Auch wenn wir das wiederholt besprechen, es gibt weitere Grenzen und No-Gos, die es unbedingt zu vermeiden gilt:

Keine unangemessenen Berührungen: Ein Gentleman sollte eine Frau niemals unangemessen oder ohne ihr Einverständnis berühren. Dies könnte eine Frau verängstigen oder ihr unangenehm sein. Ein Gentleman sollte bei körperlichen Berührungen respektvoll und vorsichtig sein.

Nicht belästigen oder stalken: Ein Gentleman sollte niemals eine Frau belästigen oder stalken. Dies kann für eine Frau sehr unangenehm sein und ihre Sicherheit gefährden. Es ist wichtig, die Grenzen einer Frau und ihre Privatsphäre zu respektieren.

Versprich nichts, was du nicht halten kannst: Ein Gentleman sollte niemals falsche Versprechungen machen oder

Dinge sagen, die er nicht halten kann. Dies kann eine Frau enttäuschen und ihr Vertrauen in ihn zerstören.

Nicht drängen oder betrügen: Ein Gentleman sollte niemals eine Frau drängen oder betrügen, damit sie ihm gefällt. Dies ist nicht nur unethisch, sondern kann für die Frau auch sehr verletzend sein.

Keine Herabwürdigung oder Verunglimpfung: Ein Gentleman sollte niemals eine Frau herabwürdigen oder verunglimpfen. Dies kann eine Frau verletzen und ihre Würde missachten. Stattdessen sollte er immer respektvoll und freundlich sein.

Kapitel 10:

Dating-Etikette

Die erfolgreiche Planung des ersten Dates

Endlich eine Frau gefunden, die Ihr Herz höher schlagen lässt? Dann gilt es jetzt, das erste Date zu planen. Doch wie geht man am besten vor? Zunächst einmal ist es wichtig, dass Sie sich Zeit nehmen und das Date sorgfältig planen und durchdenken. Hier sind einige wichtige Punkte, die Sie dabei beachten sollten:

Finden Sie heraus, was die Frau mag: Fragen Sie sie nach ihren Hobbys und Interessen und versuchen Sie, ein passendes Programm zusammenzustellen. Vielleicht mag sie Kunst und Kultur oder ist gerne in der Natur.

Kreativität ist gefragt: Wenn Sie sich von der Masse abheben wollen, planen Sie etwas Kreatives. Wie wäre es zum Beispiel mit einer Ballonfahrt, einem Picknick im Park oder einer Bootsfahrt auf dem See?

Der Ort muss passen: Wählen Sie einen Ort, der zu Ihrem Date passt. Ein gemütliches Restaurant oder eine Bar sind eine gute Wahl für ein erstes Date. Wenn Sie jedoch etwas Abenteuerliches planen, achten Sie darauf, dass es für sie geeignet ist.

Pünktlichkeit zeigt ihre Ernsthaftigkeit: Seien Sie pünktlich. Pünktlichkeit ist wichtig und zeigt, dass Sie die Verabredung ernst nehmen.

Die richtige und angemessene Kleidung: Überlegen Sie sich vor-her, wie Sie sich kleiden möchten. Es ist wichtig, dass Sie sich wohl fühlen und selbstbewusst auftreten. Die Kleidung muss zum Date und dem Anlass passen.

Geschenk: Wenn Sie möchten, können Sie ein kleines Geschenk mitbringen. Eine Blume, ein Blumenstrauß oder eine kleine Süssigkeit sind immer eine gute Wahl.

Es gibt verschiedene Möglichkeiten für einen Mann herauszufinden, was eine Frau mag. Drei Maßnahmen sind dabei erfolgversprechend:

1. Zuhören oder einfach fragen:

   Die meisten Frauen reden gerne über ihre Hobbys und Interessen. Wenn Sie ihr aufmerksam zuhören oder sie direkt fragen, können Sie schnell herausfinden, was sie mag und was nicht.

2. Social Media:

Durchsuchen Sie ihre Social-Media-Profile, um mehr über ihre Vorlieben zu erfahren. Vielleicht postet sie Fotos von ihren Reisen oder von ihren Lieblings-restaurants.

3. Gemeinsame Bekannte:

Fragen Sie gemeinsame Bekannte, was sie über ihre Interessen und Hobbys wissen.

Wenn Sie kreativ sein möchten, aber nicht gleich mit der Tür ins Haus fallen wollen, überraschen Sie die Frau mit kleinen Gesten, die zu ihren Hobbys und Interessen passen. Wenn sie zum Beispiel gerne liest, können Sie ihr ein Buch schenken, das Ihnen gefällt. Bieten Sie ihr an, gemeinsam etwas zu unternehmen, das Sie beide interessiert. Vielleicht können Sie zusammen einen Kochkurs machen oder eine Ausstellung besuchen, die Ihren gemeinsamen Interessen entspricht. Wie bereits erwähnt, ist es auch völlig in Ordnung, sie einfach zu fragen, was sie gerne macht und was sie gerne unternehmen würde. Wenn Sie zeigen, dass Sie sich für ihre Vorlieben und Neigungen interessieren, wird sie das zu schätzen wissen. Wenn Sie kreativ und einfühlsam vorgehen, wird das erste Date für Sie als Gentleman ein voller Erfolg sein. Aber lassen Sie uns die entscheidenden Punkte dazu noch etwas ausführlicher besprechen:

Die Wahl des Ortes ist für ein erstes Date sehr wichtig und hängt von den individuellen Interessen und Vorlieben der Frau ab, mit der Sie sich verabreden. Hier finden Sie weitere Ideen für interessante, kreative und moderne Orte oder Locations für das erste Date:

- Ein Café oder eine Bar: Ein Klassiker, der nie aus der Mode kommt. Hier kann man sich in entspannter Atmosphäre unterhalten und sich besser kennenlernen.
- Ein Museum: Wenn beide Kunst und Kultur mögen, kann ein Museumsbesuch eine tolle Idee sein. Es gibt viele verschiedene Ausstellungen, die für jeden Geschmack etwas bieten.
- Ein Themenpark: Ein Besuch im Freizeitpark kann eine Menge Spaß machen und Adrenalin pur bieten.
- Eine Karaoke-Bar: Wer gerne singt und keine Angst hat, sich vor anderen zu blamieren, kann hier gemeinsam einen lustigen Abend verbringen.
- Ein Escape Room: Ein gemeinsames Abenteuer, bei dem man als Team Rätsel lösen muss, kann die perfekte Gelegenheit sein, sich besser kennen zu lernen.
- Ein Konzert: Wenn beide die gleiche Musik mögen, kann ein Konzertbesuch ein tolles erstes Date sein.

- Eine Kletterhalle: Hier kann man gemeinsam aktiv sein und sich gegenseitig unterstützen.
- Ein Flohmarkt: Wer gerne stöbert und nach Schätzen sucht, kann hier gemeinsam ein paar Stunden verbringen.
- Eine Bowlingbahn: Ein weiterer Klassiker, der immer Spaß macht.
- Ein Picknick im Park: Eine romantische Idee für ein schönes Frühlings- oder Sommer-Date.
- Ein Virtual-Reality-Erlebnis: Hier kann man gemeinsam in eine andere Welt eintauchen und ein Abenteuer erleben.
- Ein Besuch im Zoo: Wer Tiere mag, kann hier gemeinsam eine schöne Zeit verbringen.
- Eine Bootsfahrt: Eine romantische Idee für ein Date auf dem Wasser.
- Ein Paintball-Spiel: Ein sportliches Date, bei dem man seine Kräfte messen kann.
- Ein Besuch im Planetarium: Wer sich für Astronomie interessiert, kann hier gemeinsam die Sterne betrachten.
- Ein Besuch im Aquarium: Hier kann man gemeinsam die faszinierende Unterwasserwelt erkunden.
- Ein Besuch auf einem Jahrmarkt: Hier gibt es viel zu sehen und zu erleben, von Achterbahnfahrten bis hin zu Zuckerwatte.
- Ein Kochkurs: Eine tolle Idee, um gemeinsam etwas Neues zu lernen und anschließend das selbst gekochte Essen zu genießen.

- Ein Besuch im Indoor-Spielplatz: Wer noch einmal Kind sein möchte, kann hier gemeinsam eine Menge Spaß haben.
- Eine Fahrradtour: Eine sportliche Idee für ein Date, bei dem man in Bewegung gemeinsam die Umgebung erkunden kann.
- Eine Bergtour oder Wanderung: Die perfekte Gelegenheit um in Bewegung zu sein, eine schöne Umgebung zu geniessen und sich zu unterhalten.

Insgesamt gibt es viele verschiedene Möglichkeiten für ein erstes Date. Wichtig ist, dass sich beide Partner wohl fühlen und der Ort ihren Interessen und Vorlieben entspricht. Beim ersten Date geht es in erster Linie darum, sich kennen zu lernen und eine Beziehung aufzubauen. Deshalb ist es wichtig, dass genügend Raum für ausführliche Gespräche und das Kennenlernen des anderen vorhanden ist und die Location dies unterstützt.

Nur so können beide Partner herausfinden, ob sie gemeinsame Interessen haben und sich sympathisch sind. Dabei geht es nicht nur um oberflächlichen Smalltalk, sondern auch um tiefer gehende Gespräche, um Gemeinsamkeiten und Unterschiede zu entdecken und die Persönlichkeit des anderen besser zu verstehen. Wenn der Ort zu laut oder zu hektisch ist, kann es schwierig sein, sich zu konzentrieren und sich wirklich auf den anderen einzulassen. Auch zu viel Action kann unangenehm sein und vom Kennenlernen ablenken. Daher ist es ratsam, für das erste Date einen Ort zu wählen, der eine entspannte Atmosphäre bietet und genügend Raum für Gespräche lässt.

Sich auf das Kennenlernen zu konzentrieren und sich Zeit für ausführliche Gespräche zu nehmen, kann helfen, eine gute Basis für eine mögliche Beziehung zu schaffen. Die meisten Frauen bevorzugen beim ersten Date eher die ruhige Variante, um sich besser auf den Mann konzentrieren und sich zurückziehen zu können, wenn es nicht passt. Zu viel Ablenkung oder Herausforderung ist daher beim ersten Date von Nachteil.

Pünktlichkeit ist beim ersten Date sehr wichtig, da sie eine grundlegende Wertschätzung für die andere Person ausdrückt. Wenn Sie zu spät kommen, zeigt das Ihrer Verabredung, dass Sie ihre Zeit nicht respektieren und sich nicht wirklich um das Date bemühen. Es kann auch den Eindruck erwecken, dass Sie die Verabredung nicht ernst nehmen oder unzuverlässig sind.

Ein Gentleman achtet immer auf seine Zeit und ist pünktlich. Das bedeutet auch, dass Sie genügend Zeit einplanen, um sich vor dem Date vorzubereiten und die Fahrt dorthin einzuplanen. Man sollte mögliche Verkehrsprobleme oder Verspätungen einkalkulieren und genügend Pufferzeit einplanen, um rechtzeitig anzukommen.

Durch Pünktlichkeit zeigen Sie Ihrer Date-Partnerin, dass Sie sich auf das Treffen freuen und es ernst meinen. Es ist ein Zeichen von Respekt und Wertschätzung und kann helfen, das Eis zu brechen und eine positive Atmosphäre zu schaffen. Als Gentleman sollten Sie daher immer pünktlich sein und Ihre Zeit im Griff haben, um Ihrer Gesprächspartnerin zu zeigen, dass Sie sich wirklich um die Verabredung bemühen und an ihr oder ihm interessiert sind. Sollte etwas dazwischen kommen, zögern Sie nicht, sofort Kontakt aufzunehmen und zu erklären, warum es etwas später wird. Lassen Sie eine Dame niemals warten.

Ein angemessener Dresscode ist beim ersten Date sehr wichtig, da er einen positiven Eindruck bei Ihrer Verabredung hinterlassen kann. Durch die Wahl Ihrer Kleidung zeigen Sie Ihrem Gegenüber, dass Sie sich Mühe geben und dass Ihnen das Date wichtig ist.

Ein Gentleman sollte daher darauf achten, dass sein Outfit dem Anlass und dem Ort des Rendezvous entspricht. Es ist wichtig, sich im Voraus Gedanken darüber zu machen, wo das Date stattfindet und welche Kleidung angemessen ist. Je nach Ort und Aktivität können unterschiedliche Dresscodes angebracht sein.

Findet das Date zum Beispiel in einem schicken Restaurant statt, ist ein elegantes Outfit angemessen. Ein Anzug oder ein schickes Hemd mit Hose kann hier eine gute Wahl sein. Bei einem entspannten Spaziergang im Park hingegen ist legere Kleidung wie Jeans und T-Shirt angemessener. Ein Gentleman kann sich auch an der Kleiderwahl seiner Date-Partnerin orientieren. Wichtig ist, sich nicht zu sehr anpassen zu wollen, sondern auch durch die Kleidung die eigene Persönlichkeit auszudrücken.

Mit der richtigen Kleidung kann man beim ersten Date nicht nur einen positiven Eindruck hinterlassen, sondern auch das eigene Selbstbewusstsein stärken. Wer sich in seiner Kleidung wohl fühlt, strahlt auch Selbstbewusstsein und Souveränität aus. Ein Gentleman sollte daher immer darauf achten, dass sein Outfit zum Anlass und Ort des Treffens passt und ihm ein selbstbewusstes Auftreten verleiht. Je nach Verlauf des ersten Treffens können Sie auch direkt fragen, was die Dame zum Date anziehen wird. Erklären Sie bei einer weiteren Frage, dass Sie es schön finden, sich passend zu kleiden. Das wird Ihre Partnerin beeindrucken. Sie selbst können sich dann besser vorbereiten. Umgekehrt können Sie auch einfach erwähnen, was Sie beim Date tragen werden und wie Sie gekleidet sind. Das gibt Ihrer Partnerin die Möglichkeit, sich entsprechend zu kleiden. Sie können auch einfach fragen, was Ihre Date-Partnerin an Ihnen schön finden würde. Das zeigt Wertschätzung und beseitigt erste Unsicherheiten.

Ein kleines Geschenk beim ersten Date kann eine nette Geste sein und Ihrer Date-Partnerin zeigen, dass sich Gedanken gemacht haben und sich auf das Treffen freuen. Es ist jedoch wichtig, mit einem Geschenk nicht zu übertreiben oder zu viel Geld auszugeben, da dies möglicherweise unangemessen wirken kann. Eine Rose bei ersten Date ist besser als ein ganzer Strauß roter Rosen, da Sie ja noch nicht wissen, ob die Frauu sie lieben wird. Hier sind ein paar Geschenkideen, die sich für das erste Date sehr gut eignen:

- Eine Blume: Eine einzelne Blume, wie eine Rose oder eine Gerbera, ist eine klassische Geste und kann dem Date-Partner zeigen, dass man sich auf das Treffen freut.
- Ein Buch: Wenn man weiß, dass die Date-Partnerin eine bestimmte Vorliebe hat, kann man ihr ein passendes Buch dazu schenken.
- Eine Tafel Schokolade: Eine kleine Tafel Schokolade kann eine süße Geste sein und dem Date-Partner zeigen, dass man an ihn oder sie denkt.
- Ein Schlüsselanhänger: Ein personalisierter Schlüsselanhänger kann der Date-Partnerin zeigen, dass man sich Gedanken gemacht hat.
- Ein kleines Parfüm: Ein kleines Parfüm kann eine schöne Geste sein, insbesondere wenn man weiß, dass die Date-Partnerin ein bestimmtes Parfüm gerne trägt.
- Ein kleines Accessoire: Ein kleines Accessoire wie eine Halskette kann eine nette Geste sein und der Date-Partnerin zeigen, dass man sich Gedanken gemacht hat.

- Selbstgebackene Kekse: Selbstgebackene Kekse können eine süße und persönliche Geste sein, die der Date-Partnerin zeigt, dass man sich um sie bemüht.
- Ein schöner Stift: Ein schöner Stift kann ein praktisches und dennoch elegantes Geschenk sein, insbesondere wenn man weiß, dass die Date-Partnerin gerne schreibt oder zeichnet.
- Eine kleine Pflanze: Eine kleine Pflanze kann ein süßes und dennoch praktisches Gechenk sein, insbesondere wenn man weiß, dass die Date-Partnerin naturverbunden ist.
- Ein Gutschein für eine gemeinsame Aktivität: Ein Gutschein für eine gemeinsame Aktivität wie ein Kinobesuch oder eine sportliche Aktivität kann eine schöne Geste sein und das nächste Treffen planen.
- Ein kleines Wellness-Set: Ein kleines Wellness-Set mit Badezusätzen und Kerzen zeigt Ihrer Date-Partnerin, dass Sie sich Gedanken über Entspannung und Wohlbefinden gemacht haben.
- Ein personalisiertes Kaffeetassen-Set: Ein personalisiertes Kaffeetassen-Set kann eine süße Geste sein und zeigt wiederum, dass Sie sich um sie bemühen.
- Ein Notizbuch: Ein schönes Notizbuch kann eine praktische und dennoch elegante Aufmerksamkeit sein, insbesondere wenn man weiß, dass die Date-Partnerin sich gerne Notizen macht.
- Eine kleine Sammlerfigur: Eine kleine Sammlerfigur oder ein kleines Spielzeug kann eine süße Geste sein, wenn es um das Hobby Ihrer Date-Partnerin geht.

- Ein kleines Kunstwerk: Wenn Sie kreativ sind, könnten Sie ihrer Date-Partnerin ein kleines Kunstwerk schenken, das Sie selbst gemalt, gezeichnet oder gebastelt haben. Es zeigt, dass Sie Mühe und Zeit investiert haben, um ihr eine Freude zu machen.

- Ein kleines Spiel: Wenn Sie beide gerne spielen, könnten Sie ihrer Date-Partnerin ein kleines Gesellschaftsspiel schenken, zum Beispiel ein Kartenspiel oder ein Würfelspiel. Es ist eine tolle Möglichkeit, um gemeinsam Zeit zu verbringen und sich im Spiel besser kennenzulernen.

Ein passendes Geschenk beim ersten Date trägt dazu bei, dass Sie einen positiven Eindruck hinterlassen. Achten Sie jedoch darauf, dass das Geschenk angemessen und nicht zu übertrieben ist. Das Wichtige dabei ist, dass Sie es von Herzen schenken und Ihrer Date-Partnerin damit eine Freude machen wollen.

Auch hier wieder eine kleine Geschichte dazu: Max hat sich Hals über Kopf in seine neue Arbeitskollegin Mia verliebt. Er wusste, dass er sie endlich fragen musste, ob sie mit ihm auf ein Date gehen würde. Als sie mit einem Lächeln zustimmte, war er überglücklich. Doch dann fing er an, sich Gedanken zu machen, wie er das perfekte Date planen könnte. Er fragte Mia nach ihren Hobbys und Interessen und stellte schnell fest, dass sie ein großer Fan von Sternenhimmeln ist. Also beschloss er, eine Überraschung für sie zu planen. Er mietete ein privates Observatorium und organisierte ein romantisches Dinner unter dem

Sternenhimmel. Dazu hatte er über Freunde einen Geigenspieler organisiert, der romantische Lieder spielte. Am Tag des Dates trafen sie sich vor dem Observatorium. Mia war überwältigt von der Schönheit des Ortes und konnte ihr Glück kaum fassen. Das Essen war köstlich und die Musik war unglaublich romantisch. Als sie später unter dem Sternenhimmel saßen und die Sterne beim Klang der Geigenmusik betrachteten, nahm Max ihre Hand und sagte: „Wir kennen uns jetzt schon so lange. Ich bin so froh, dass ich dich kennengelernt habe und dich jetzt endlich mit dir treffen kann. Du bist wunderschön, klug und aufgeregend und ich kann mir eine gemeinsame Zukunft mit dir gut vorstellen." Mia schaute ihn verlegen an, lächelte und bat noch um ein bisschen Geduld. Sie sagte: „Dieses Date hat mich total überwältigt. Sowas ist mir bisher noch nicht passiert. Ich fühle ähnlich für dich, brauche aber noch einen Moment, um mich an den Gedanken zu gewöhnen." Das Date war also ein voller Erfolg und sie beschlossen, sich wiederzusehen. Max wusste, dass er nie wieder einen Moment wie diesen verpassen würde. Er hatte die Frau seiner Träume für sich gewonnen und würde alles tun, um sie glücklich zu machen.

Die Planung des ersten Dates ist eine wichtige Angelegenheit und es sollte sorgfältig vorbereitet werden. Kreativität und Individualität sind gefragt, um das Date zu einem unvergesslichen Erlebnis zu machen. Denken Sie daran, dass es bei einem ersten Date nicht nur um Sie geht, sondern auch um Ihre Begleitung. Nehmen Sie die Interessen und Vorlieben Ihrer Verabredung ernst und zeigen Sie, dass Sie sie respektieren. Ein gutes erstes Date kann der Beginn einer wunderbaren Beziehung sein. Seien Sie also mutig und suchen Sie nach Ideen, die positiv überwältigen, ohne zu überfordern.

Fassen wir nochmal kurz zusammen: In der Praxis reicht es oft aus, sich zum ersten Date an einem Ort zu treffen, der der Partnerin vertraut ist. So muss sie sich nicht an die Umgebung gewöhnen und kann sich auf das Gespräch konzentrieren. Es geht darum, eine Atmosphäre zu schaffen, in der Sie beide sich wohl fühlen und sich besser kennen lernen können. Dazu gehören Pünktlichkeit, ein guter Dresscode und vielleicht ein kleines Geschenk. Am wichtigsten ist es jedoch, authentisch zu sein und Ihrem Date zu zeigen, wer Sie sind. Wenn Sie eine gute Zeit miteinander haben und sich auf einer persönlichen Ebene verbinden können, dann war das erste Date ein Erfolg. Seien Sie geduldig, entspannt und einfach Sie selbst. So können Sie sicher sein, dass das erste Date nur der Anfang einer hoffentlich langen und glücklichen Beziehung ist.

Kapitel 11:

Vom Date (Single) zum Partner

Wie man eine Beziehung aufbaut und aufrecht erhält

Wie junge Paare ihre Beziehung nach dem ersten Date erfolgreich und harmonisch gestalten können und welche Punkte für eine lange und erfolgreiche Beziehung wichtig sind, behandeln wir im folgenden Kapitel. Außerdem gehen wir darauf ein, wie sich ein Gentleman in einer Beziehung und im Alltag gegenüber seiner Frau verhalten sollte und welche Aspekte dazu beitragen können. Aber warum ist das beim ersten Date wichtig?

Ganz einfach, auch beim ersten Date sollte man als Gentleman wissen, wohin die Reise gehen soll und wie man sich eine zukünftige Partnerschaft vorstellt. In den meisten Fällen werden Sie während des Dates auf die eine oder andere Weise darauf angesprochen. Im Folgenden finden Sie einige Punkte, die bei einem ersten Date angesprochen werden können und eine gute Vorbereitung darauf Ihnen helfen kann, einen guten Eindruck zu hinterlassen. Denken Sie daran, dass es im Date immer um absolute Ehrlichkeit geht.

Der erste Schritt zu einer erfolgreichen Beziehung besteht darin, einander zu verstehen und miteinander zu kommunizieren. Wenn Sie sich zu Beginn Ihrer Beziehung Gedanken darüber gemacht haben, was Sie beide wollen und was Sie voneinander erwarten, können Sie sich besser aufeinander einstellen und Missverständnisse vermeiden. Es ist wichtig, offen und ehrlich miteinander zu reden und einander zuzuhören. Wenn Sie beide bereit sind, Kompromisse einzugehen und an Ihrer Beziehung zu arbeiten, können Sie eine harmonische und glückliche Beziehung aufbauen. Kompromissbereitschaft steht aus Sicht der Frauen an erster Stelle der positiven Verhaltensweisen eines Mannes.

Kompromisse sind ein wichtiger Bestandteil einer erfolgreichen Beziehung, da sie dazu beitragen, Konflikte zu lösen und eine positive und harmonische Partnerschaft aufrechtzuerhalten. Ein Kompromiss ist eine Vereinbarung, bei der jeder Partner auf etwas verzichtet, um das Wohl der Beziehung zu fördern. Es gibt verschiedene Arten von Kompromissen, die ein Paar näher zueinander bringen können. Einige dieser Kompromisse können sein:

Zeitmanagement: Wenn einer der Partner ein sehr beschäftigtes Leben führt, kann ein Kompromiss darin bestehen, Zeitpläne zu ändern, um gemeinsame Zeit zu finden.

Finanzen: Ein Kompromiss in finanziellen Angelegenheiten kann darin bestehen, gemeinsame Ausgaben zu priorisieren und Ausgaben zu reduzieren, um gemeinsame finanzielle Ziele zu erreichen.

Hobbys und Interessen: Ein Kompromiss kann darin bestehen, gemeinsame Hobbys und Interessen zu finden und Zeit dafür zu reservieren, um gemeinsam etwas zusammen zu unternehmen.

Aufgaben im Haushalt: Ein Kompromiss kann darin bestehen, Aufgaben im Haushalt aufzuteilen und sich gegenseitig zu unterstützen, um eine effektive Zusammenarbeit zu erreichen und sich gegenseitig zu entlasten. Moder eingestellte Männer und Gentleman haben heute kein Thema mehr damit, zu kochen, zu waschen oder zu putzen.

Kommunikation: Ein Kompromiss in der Kommunikation kann darin bestehen, offen und ehrlich miteinander zu reden und unangenehme Dinge anzusprechen, um Kompromisse zu finden, die Probleme in der Beziehung lösen.

Kompromisse feiern

Aus psychologischer Sicht ist ein Kompromiss eine Lösung oder Vereinbarung zwischen zwei Personen, die von beiden Parteien akzeptiert wird, um einen Konflikt oder eine Meinungsverschiedenheit beizulegen. Ein Kompromiss basiert auf der Idee, dass beide Parteien Zugeständnisse machen müssen, um eine für beide Seiten akzeptable Lösung zu erreichen. Ein Kompromiss kann für alle Beteiligten von Vorteil sein, da er eine Win-Win-Situation schaffen kann.

In der Paarkommunikation zeichnet sich ein Kompromiss dadurch aus, dass beide Partner bereit sind, ihre Standpunkte zu teilen und einander zuzuhören. Sie müssen bereit sein, Zugeständnisse zu machen und eine Lösung zu finden, die für beide akzeptabel ist. Ein Kompromiss in der Paarkommunikation erfordert oft Kompromissbereitschaft und die Fähigkeit, sich in die Perspektive des anderen hineinzuversetzen. Ein guter Kompromiss in der Paarkommunikation kann dazu beitragen, dass sich beide Partner gehört und verstanden fühlen, und kann helfen, die Beziehung zu verbessern. Ein Kompromiss kann einem Paar auch helfen, schwierige Probleme zu lösen, die zuvor zu Konflikten oder Streit geführt haben.

Wenn Sie als Paar auf einen Kompromiss eingehen, sollten sie wichtige Faktoren berücksichtigen, um sicherzustellen, dass der Kompromiss für beide Seiten fair und akzeptabel ist. Hier sind die Faktoren, die Sie dabei in Betracht ziehen sollten:

Klare Kommunikation: Um zu einem Kompromiss zu gelangen, ist es wichtig, dass beide Partner ihre Standpunkte und Bedürfnisse klar und deutlich kommunizieren.

Kompromissbereitschaft: Beide Partner sollten bereit sein, Kompromisse einzugehen und Zugeständnisse zu machen.

Verständnis und Empathie: Beide Partner sollten in der Lage sein, die Perspektive des anderen zu verstehen und sich in dessen Lage zu versetzen.

Zielorientierung: Beide Partner sollten das gemeinsame Ziel im Auge behalten und sich darauf konzentrieren, eine Lösung zu finden, die für beide Seiten akzeptabel ist.

Realistische Erwartungen: Beide Partner sollten realistische Erwartungen an den Kompromiss haben und verstehen, dass jeder Kompromiss Zugeständnisse erfordert.

Kreativität: Es ist wichtig, kreative Lösungen zu finden, die den Bedürfnissen beider Partner entsprechen.

Konsistenz: Es ist wichtig, dass beide Partner den Kompromiss konsequent umsetzen und ihm treu bleiben.

Wenn ein Paar diese Faktoren bei der gemeinsamen Diskussion berücksichtigt, kann es sicherstellen, dass seine Kompromisse fair und effektiv sind und zur Verbesserung der Beziehung beitragen. Kompromisse sind daher in einer Beziehung wichtig, um Konflikte zu lösen und eine positive und harmonische Partnerschaft aufrechtzuerhalten. Feiern Sie Ihre Kompromisse: vielleicht sogar mit einem Glas Champagner?

Respekt feiern

Ein weiterer wichtiger Faktor für eine erfolgreiche Beziehung ist Respekt. Respektieren Sie die Meinungen, Wünsche und Bedürfnisse Ihrer Partnerin und behandeln Sie sie so, wie Sie selbst behandelt werden möchten. Ein Gentleman zeigt seiner Partnerin Respekt, indem er ihr aufmerksam zuhört, ihr in schwierigen Situationen beisteht und sie unterstützt. Zeigen Sie Ihrer Partnerin, dass sie Ihnen wichtig ist und dass Sie sich um sie kümmern.

Respekt ist ein entscheidender Faktor, um eine Beziehung zwischen Mann und Frau erfolgreich zu gestalten und aufrechtzuerhalten, denn er bildet die Grundlage für eine gesunde und liebevolle Partnerschaft. Wenn beide Partner ein hohes Maß an Respekt füreinander haben, können sie sich gegenseitig wertschätzen, unterstützen und auf Augenhöhe begegnen. Dies führt zu einer besseren Kommunikation, einer stärkeren Bindung und zu mehr

Vertrauen zwischen beiden. Im Alltag drückt sich Respekt in kleinen Gesten und Handlungen aus, wie zum Beispiel Zuhören: Wenn jeder Partner dem anderen aktiv zuhört und auf seine Bedürfnisse und Wünsche eingeht, zeigt er Respekt und Wertschätzung. Wenn beide Partner fair und gerecht miteinander umgehen, zeigt dies Respekt und fördert eine gesunde Beziehung. Eine höfliche und respektvolle Sprache zeigt, dass man den anderen schätzt und respektiert. Wenn beide Partner bereit sind, Kompromisse einzugehen und aufeinander zuzugehen, zeigt dies Respekt und die Fähigkeit, auf die Bedürfnisse des anderen einzugehen. Kompromissbereitschaft ist also auch ein Bestandteil des respektvollen Verhaltens gegenüber Ihrer Partnerin und von Seiten Ihrer Partnerin Ihnen gegenüber. Das beruht in ener erfolgreichen Beziehung auf Gegenseitigkeit.

Ein Gentleman zeigt darüber hinaus seine Aufmerksamkeit und Fürsorge durch kleine Gesten im Alltag. Schenken Sie Ihrer Partnerin regelmäßig Aufmerksamkeit und Zeit, überraschen Sie sie mit einem kleinen Geschenk oder einer liebevollen Nachricht. Auch kleine Gesten können viel bewirken und zeigen Ihrer Partnerin, dass Sie an sie denken und dass Sie sich um sie kümmern.

Vertrauen feiern

Ein weiterer wichtiger Aspekt für eine erfolgreiche Beziehung ist Vertrauen. Vertrauen Sie Ihrer Partnerin und geben Sie ihr die Freiheit, eigene Entscheidungen zu treffen. Misstrauen und Eifersucht können eine Beziehung schnell belasten und zerstören. Wenn Sie Ihrer Partnerin vertrauen, können Sie eine stabile und glückliche Beziehung aufbauen. Eine Beziehung zwischen Mann und Frau kann nur funktionieren, wenn Vertrauen vorhanden ist, denn es bildet die Grundlage für eine erfolgreiche und dauerhafte Partnerschaft.

Vertrauen ist ein psychologischer Zustand, der entsteht, wenn ein Partner glaubt, dass der andere Partner zuverlässig, loyal und aufrichtig ist. Es bezieht sich auf die Erwartung, dass der andere Partner in einer bestimmten Weise handeln wird, und gibt einem das Gefühl von Sicherheit und Geborgenheit in der Beziehung.

In einer gesunden Beziehung zeigt sich Vertrauen in verschiedenen praktischen Aspekten des täglichen Lebens:

Offene Kommunikation: In einer vertrauensvollen Beziehung können beide Partner offen und ehrlich miteinander kommunizieren, ohne Angst vor Verurteilung oder Missverständnissen zu haben.

Loyalität: Wenn Vertrauen besteht, können sich beide Partner darauf verlassen, dass sie einander treu sind und nicht unangemessen mit anderen Menschen flirten oder sich mit einer konkreten Flirtabsicht verabreden.

Versprechen halten: Ein Partner, der Vertrauen hat, kann sich darauf verlassen, dass der andere Partner seine Versprechen hält und seinen Verpflichtungen nachkommt.

Empathie: In einer vertrauensvollen Beziehung können beide Partner die Perspektive des anderen verstehen und darauf reagieren, ohne Angst davor zu haben, verurteilt oder abgewiesen zu werden.

Unterstützung: Vertrauen schafft die Voraussetzung, dass beide Partner einander in schwierigen Zeiten unterstützen und füreinander da sein können.

Es ist sehr wichtig, sich regelmäßig Zeit füreinander zu nehmen, offen und ehrlich miteinander zu kommunizieren, sich gegenseitig zu respektieren, aufeinander zu achten und einander zu vertrauen. Ein Gentleman setzt diese Aspekte im täglichen Umgang mit seiner Partnerin um. Ein Gentleman zeigt Respekt, Aufmerksamkeit und Fürsorge für seine Frau und ist bereit, für sie da zu sein, wenn sie ihn braucht. Wenn man diese Aspekte beachtet, kann man nicht nur eine erfolgreiche Beziehung aufbauen, sondern auch eine starke und glückliche Ehe oder Lebensgemeinschaft führen.

Die folgende kleine Geschichte zeigt, wie ein junges Paar es geschafft hat, seine Beziehung auch in schwierigen Zeiten zu stärken: Es war eine kalte Winternacht, als Alex und Sarah sich zum ersten Mal trafen. Sie hatten sich über eine Dating-App kennengelernt und verabredeten sich in einem gemütlichen Café in der Innenstadt. Sie unterhielten sich stundenlang über ihre Interessen, Träume und Hoffnungen. Es war, als ob sie sich schon seit Jahren kennen würden. Sie begannen eine Beziehung und fühlten sich schnell ineinander verliebt. Sie teilten viele gemeinsame Interessen, darunter das Reisen und die Liebe zur Literatur. Bald darauf zogen sie zusammen und planten, eine gemeinsame Zukunft aufzubauen. Doch nach einiger Zeit stellten sie fest, dass sie finanzielle Schwierigkeiten hatten. Alex hatte seine Arbeit verloren und Sarah hatte Schwierigkeiten, als Freiberuflerin genügend Einkommen zu erzielen. Sie kämpften darum, ihre Rechnungen zu bezahlen und gleichzeitig ihre Träume und Wünsche zu verfolgen. Alex und Sarah hatten das Gefühl, dass ihre Beziehung unter dem finanziellen Druck leiden könnte. Aber sie beschlossen, zusammenzuarbeiten und gemeinsam durch diese schwierige Zeit zu gehen. Sie wussten, dass sie einander vertrauen und offen miteinander kommunizieren mussten. Sie entschieden sich, ihre Fähigkeiten und Interessen zu nutzen, um gemeinsam ein Online-Business aufzubauen. Sie gründeten eine Reise-Buchhandlung im Internet und begannen, ihre Lieblingsbücher online im Zusammenhang mit einem persönlichen Beratungspaket zu verkaufen. Sie nutzten ihre Kenntnisse in der Buchhaltung und im Marketing, um ihr Unternehmen Stück für Stück aufzubauen. Sie lernten schnell, dass das Unternehmertum keine leichte Aufgabe war, aber sie gaben nicht auf. Sie arbeiteten hart daran, ihre Webseite zu optimieren, ihre Buchhaltung zu verbessern und ihre Marketingstrategien zu verfeinern. Es war eine Herausforderung, aber sie fanden Freude in der engen Zusammenarbeit und in dem Wissen, dass sie zusammen an einer Sache arbeiteten, die ihnen beiden am Herzen lag. Mit der Zeit begann ihr Online-Business erfolgreich zu werden. Sie bekamen mehr Bestellungen und konnten sich ein vernünftiges Gehalt auszahlen. Es war immer noch nicht viel, aber es reichte, um ihre Rechnungen zu bezahlen. Als Sie bekannter wurden und auch als Influencer mehr Erfolg hatten, florierte Ihr Geschäft und bald hatten sie genug Geld, um wieder zu reisen und ihre Lieblingsorte zu besuchen. Sie erkannten, dass Ihre Beziehung durch ihre finanziellen Schwierigkeiten gestärkt wurde und tiefer geworden war. Sie hatten gelernt, dass es in einer Beziehung auf das Vertrauen und die Kommunikation ankommt und dass sie gemeinsam jede Herausforderung meistern konnten. Sie waren dankbar für ihre Liebe zueinander und für die gemeinsamen Projekte, die sie zusammen bewältigt hatten. Als sie später an ihrem Jahrestag auf die Geschehnisse zurückblickten, erkannten sie, dass ihre finanziellen Schwierigkeiten die besten Dinge in ihrer Beziehung hervorgebracht hatten: Zusammenarbeit, Vertrauen und gegenseitige Unterstützung. Sie waren froh, dass sie sich auf dieser digitalen Plattform kennengelernt hatten und dass sie ihr gemeinsames Leben offline wie online miteinander als Partner gestalten konnten. Eines war Ihnen besonders bewusst: Die Bewältigung schwieriger Lebensphasen mit Hilfe des jeweils anderen Partners hatte Sie auch in Ihrer Liebe enger zusammengebracht.

Kapitel 12:

Herausforderungen in der modernen Beziehung

Gleichberechtigung, Technologie und soziale Medien

In der modernen Welt von heute stehen Paare vor neuen Herausforderungen, die es vor einigen Jahrzehnten noch nicht gab. Die Gleichstellung der Geschlechter, die Technologie und die sozialen Medien haben die Art und Weise, wie wir unsere Beziehungen führen, verändert. Im Folgenden werden einige der wichtigsten Herausforderungen untersucht, denen sich Paare heute gegenübersehen.

Gleichstellung in Beziehungen

Eine der größten Herausforderungen in modernen Beziehungen ist die Gleichstellung der Geschlechter. In der Vergan genheit waren die Geschlechterrollen traditionell festgelegt, was häufig dazu führte, dass Männer die Verantwortung für den Großteil des Einkommens und die Entscheidungen in der Beziehung übernahmen, während

Frauen sich um den Haushalt und die Kindererziehung kümmerten. Heute ist die Gesellschaft jedoch offener und akzeptiert zunehmend, dass Frauen und Männer gleichermaßen Verantwortung in Partnerschaft und Beruf übernehmen können.

Dieser Wandel bringt jedoch auch neue Herausforderungen mit sich. Sie erfordert mehr Kommunikation und Offenheit zwischen den Partnern, um sicherzustellen, dass beide in der Beziehung gleichberechtigt sind. Es erfordert auch die Bereitschaft, traditionelle Geschlechterrollen in Frage zu stellen und neue Rollen und Verantwortlichkeiten zu definieren, die auf den individuellen Fähigkeiten und Bedürfnissen jedes Partners basieren.

Ein Gentleman setzt sich aktiv für die Gleichberechtigung in der Beziehung zwischen Mann und Frau ein. Dazu gehört, dass er seine Partnerin respektiert, unterstützt und ihr auf Augenhöhe begegnet. Er zeigt Interesse an ihren Vorlieben und Zielen und ermutigt sie, ihre privaten und beruflichen Träume zu verfolgen.

Ein Gentleman teilt auch die Aufgaben in der Beziehung und im Haushalt gerecht auf und übernimmt Verantwortung für seinen Teil. Er ist bereit, sich weiterzuentwickeln und an seinen Schwächen zu arbeiten, um eine gleichberechtigte Beziehung zu führen. Er erkennt an, dass Frauen und Männer gleiche Rechte und Chancen verdienen und handelt entsprechend.

Ein Gentleman nutzt seine Stimme und seine erworbenen Privilegien, um auf Missstände und Ungerechtigkeiten hinzuweisen und sich für eine bessere Welt einzusetzen. Er ist sensibel für die Bedürfnisse und Gefühle seiner Partnerin und setzt sich aktiv für die Verbesserung der gemeinsamen Beziehung und des Umfeldes ein.

Insgesamt ist die Gleichberechtigung in einer Beziehung zwischen Mann und Frau eine gemeinsame Verantwortung, die beide Partner aktiv wahrnehmen sollten. Der Gentleman kann dabei eine wichtige Rolle spielen, indem er seine eigenen Einstellungen und Verhaltensweisen reflektiert und anpasst, um eine respektvolle und gleichberechtigte Beziehung zu führen.

Technologie in Beziehungen

Die Technologie hat unser Leben in den letzten Jahrzehnten revolutioniert und auch die Art und Weise, wie wir unsere Beziehungen führen, verändert. Smartphones, soziale Medien, Video-Chat-Apps und andere Technologien ermöglichen es uns, jederzeit und von überall aus miteinander zu kommunizieren. Dies hat sowohl positive als auch negative Auswirkungen auf unsere Beziehungen.

Auf der positiven Seite ermöglicht die Technologie eine ständige Verbindung und eine schnellere Kommunikation zwischen Partnern, selbst wenn sie physisch getrennt sind. Es gibt auch viele Online-Tools und Anwendungen, die Paaren helfen können, ihre Beziehungen zu verbessern, wie zum Beispiel Paar-Therapie-Apps oder Beziehungscoaching.

Auf der negativen Seite kann Technologie auch eine Quelle von Ablenkung und Konflikt sein. Es ist leicht, sich in sozialen Medien zu verlieren oder abgelenkt zu werden, wenn man mit einem Partner zusammen ist. Es kann zu Konflikten führen, wenn einer der Partner das Gefühl hat, dass der andere zu viel Zeit online verbringt oder nicht genug Aufmerksamkeit schenkt.

Ein moderner Mann und Gentleman kann Technologie nutzen, um die Beziehung zu seiner Partnerin zu verbessern:

Kommunikation: Er kann Textnachrichten, E-Mails oder Videoanrufe nutzen, um mit ihr in Kontakt zu bleiben und ihr zu zeigen, dass er an sie denkt.

Romantik: Er kann ihr mit Hilfe von Technologie romantische Gesten zukommen lassen, indem er ihr zum Beispiel eine virtuelle Karte oder Blumen per E-Mail schickt oder eine Playlist mit ihren Lieblingsliedern erstellt.

Planung: Er kann Apps oder Kalender nutzen, um gemeinsame Termine zu planen und sicherzustellen, dass er genügend Zeit für seine Partnerin hat.

Interessen teilen: Er kann interessante Posts, Artikel oder Videos, die er im Internet gefunden hat, mit ihr teilen, um mit ihr in regelmäßigem Kontakt zu bleiben.

Kreativität: Er kann ihr virtuelle Geschenke oder Grußkarten per Smartphone oder Computer schicken, um ihr zu zeigen, dass er sie schätzt und sich um sie kümmert.

Ein moderner Gentleman kann die Technologie nutzen, um die Beziehung zu einer Frau zu verbessern, aber es ist noch wichtiger, dass er sich bemüht, sie persönlich zu treffen und Zeit mit ihr zu verbringen, um eine tiefere Beziehung und Bindung aufrechtzuerhalten.

Soziale Medien in Beziehungen

Soziale Medien sind eine Form der Technologie, die in modernen Beziehungen eine besonders wichtige Rolle spielt. Sie ermöglichen es uns, mit Partnerin, Freunden und Familie in Kontakt zu bleiben und unser Leben online zu teilen. Sie können aber auch zu Problemen führen, wenn es darum geht, Vertrauen aufrechtzuerhalten und Eifersucht in einer Beziehung zu vermeiden.

Eines der größten Probleme, die durch soziale Medien in einer Paarbeziehung entstehen können, ist die ständige Erreichbarkeit und die damit verbundene Möglichkeit der Überwachung und des Kontrollverlusts. Durch die Verbreitung von Messaging-Apps und Social-Media-Plattformen wie WhatsApp, Facebook oder Instagram können Partner jederzeit miteinander kommunizieren und sich über den Aufenthaltsort oder die Aktivitäten des anderen informieren.

Dies kann zu einem Vertrauensverlust führen, wenn ein Partner das Gefühl hat, ständig kontrolliert oder überwacht zu werden, weil der andere Partner eifersüchtig ist.

Auch Missverständnisse oder unbedachte Äußerungen können sich über das Internet schnell verbreiten und zu Konflikten führen. Darüber hinaus kann der Einfluss der sozialen Medien auf die Beziehung auch dazu führen, dass man weniger Zeit miteinander verbringt und sich in virtuellen Welten verliert. Vor allem wenn ein Partner sehr aktiv in Social Media Kanälen ist, kann dies dazu führen, dass die Aufmerksamkeit und die gemeinsame Zeit in der Beziehung zu kurz kommen.

In einer modernen Beziehung ist es daher wichtig, klare Regeln und Vereinbarungen für den Umgang mit sozialen Medien zu treffen. Dazu gehört auch, sich bewusst zu machen, dass das, was online gesagt wird, auch Auswirkungen auf die Beziehung haben kann. Eine offene und ehrliche Kommunikation ist der Schlüssel, um Missverständnisse und Konflikte zu vermeiden und eine gesunde Balance zwischen Online- und Offline-Leben zu finden.

Die Technologie bringt jedoch auch Herausforderungen mit sich. Durch die Verbreitung sozialer Medien und die ständige Erreichbarkeit können Konflikte schnell eskalieren. Oft führt ein Missverständnis oder eine unbedachte Äußerung zu einem heftigen Streit, der dann über das Internet ausgetragen wird. Eine moderne Beziehung muss daher lernen, mit diesen Risiken und Gefahren der Technik umzugehen.

Ein Gentleman nutzt soziale Medien auf respektvolle und verantwortungsvolle Weise, um die Beziehung zu seiner Frau zu verbessern und die Romantik am Leben zu erhalten. Hier sind einige Tipps, wie ein Gentleman dies tun kann:

Soziale Medien nutzen, um Wertschätzung auszudrücken: Ein Gentleman kann soziale Medien nutzen, um seiner Frau seine Wertschätzung auszudrücken. Er kann sich zum Beispiel öffentlich auf Facebook oder Instagram für ihre Unterstützung bedanken oder ihr eine liebevolle Nachricht schicken.

Übermäßige Nutzung vermeiden: Es ist wichtig, dass ein Gentleman die Nutzung sozialer Medien in Grenzen hält. Zu viel Zeit am Handy oder Laptop kann zu einer Vernachlässigung der Beziehung und zu einer Reizüberflutung führen.

Soziale Medien als Kommunikationswerkzeug nutzen: Soziale Medien können als Werkzeug genutzt werden, um die Kommunikation in einer Beziehung zu verbessern. Zum Beispiel kann ein Gentleman WhatsApp oder Facetime nutzen, um in Kontakt zu bleiben, wenn er auf Geschäftsreise ist.

Negative Interaktionen vermeiden: Ein Gentleman sollte sicherstellen, dass er soziale Medien nicht als Plattform für negative Interaktionen mit seiner Frau nutzt. Es ist wichtig, respektvoll und liebevoll miteinander umzugehen und Konflikte privat zu lösen.

Romantische Aktivitäten offline planen: Um die Romantik in der Beziehung zu erhalten, sollte ein Gentleman regelmäßig Offline-Aktivitäten planen. Ein gemeinsames Abendessen, ein Ausflug in die Natur oder ein Theaterbesuch sind gute Möglichkeiten, die Bindung zu stärken und die Beziehung aufzufrischen.

Insgesamt ist es wichtig, dass ein Gentleman Soziale Medien als Werkzeug nutzt, um seine Beziehung zu stärken, anstatt sie zu belasten. Durch die Verwendung von Sozialen Medien in einer verantwortungsvollen und liebevollen Weise kann er sicherstellen, dass die Romantik in der Beziehung am Leben bleibt und dass er und seine Frau eine starke und gesunde Beziehung aufbauen können. Ein praktisches Beispiel: Emoticons können sehr unterschiedlich interpretiert werden und nicht jeder misst ihnen die gleiche Bedeutung bei. Auch hat jeder Mensch andere Vorlieben.

Kürzlich hatte ich deshalb mit meiner Lebensgefährtin einen humorvollen Dialog darüber, wie sie die verschiedenen Emois, die wir uns täglich schicken, interpretiert und was diese für sie genau bedeuten. Wenn wir uns heute zum Beispiel Herz-Emois schicken, weiß ich genau, welches Herz in welcher Farbe ihr am besten gefällt. Sie weiß jetzt genau, was ich mit einem bestimmten Emoji ausdrücken möchte. Auch wenn die Zeit knapp ist, vergessen wir nicht, uns hin und wieder ein Emoticon zu schicken, wenn wir aneinander denken. So bleiben wir mit Technologie über verschiedene Kommunikationskanäle liebevoll miteinander verbunden.

Identität und Individualität

Wie beschrieben, streben junge Paare heute Gleichberechtigung in allen Bereichen ihrer Beziehung an. Sie teilen sich die Verantwortung für Haushalt und Kindererziehung und wollen auch in der Arbeitswelt und in den sozialen Medien gleichberechtigt behandelt werden. Diese Herausforderung kann aber auch zu Konflikten führen, wenn es darum geht, Entscheidungen zu treffen und Kompromisse zu finden. Eine moderne Beziehung muss lernen, die Bedürfnisse und Wünsche beider Partner gleichermaßen zu berücksichtigen und eine gemeinsame Basis zu finden.

Eine weitere Herausforderung moderner Beziehungen ist daher die Frage nach der eigenen Identität und Individualität. In einer Welt der ständigen Vernetzung und Online-Präsenz fällt es vielen schwer, eine eigene Identität zu entwickeln und diese auch in der Beziehung zu bewahren. Es kann schnell passieren, dass man sich in der Beziehung verliert und die eigenen Bedürfnisse und Interessen vernachlässigt. Eine moderne Beziehung muss also auch lernen, Raum für Individualität zu schaffen und die eigene Identität zu bewahren. Viele Beziehungen scheitern daran, dass einer der beiden Partner seine Identität oder einen zu großen Teil seiner Identität dem anderen unterordnet.

Insgesamt gibt es also viele Herausforderungen, denen sich junge Paare in einer modernen Beziehung stellen müssen. Doch trotz aller Schwierigkeiten gibt es auch viele Möglichkeiten, eine glückliche und erfüllte Beziehung zu führen. Wichtig ist vor allem, offen und ehrlich miteinander zu kommunizieren, Kompromisse zu finden und auch Raum für die eigene Individualität zu schaffen. So kann eine moderne Beziehung eine Chance sein, sich selbst und den Partner besser kennen zu lernen und gemeinsam zu wachsen.

Balance zwischen Nähe und Distanz

Eine gesunde Beziehung erfordert auch ein ausgewogenes Verhältnis von Nähe und Distanz. Es ist wichtig, Zeit für sich und die eigenen Interessen zu haben, aber auch Zeit miteinander zu verbringen und gemeinsame Interessen zu teilen.

In einer Beziehung ist es wichtig, eine gesunde Balance zwischen Nähe und Distanz zu finden. Gerade in einer digitalisierten Welt, in der wir ständig miteinander verbunden sind, ist es oft schwierig, diese Balance zu finden. Zu viel Nähe kann dazu führen, dass sich die Partner gegenseitig erdrücken, während zu viel Distanz dazu führen kann, dass die Beziehung unterentwickelt bleibt oder sich negativ verändert. In diesem Teil des Buches werden wir uns daher näher damit beschäftigen, warum diese Balance wichtig ist und wie man als Paar konstruktiv damit umgehen kann.

Wie wirkt sich die digitale Welt auf die Balance zwischen Nähe und Distanz aus? Welche Veränderungen kommen auf Paare zu?

In einer digitalisierten Welt sind wir ständig miteinander verbunden, sei es über soziale Medien, Messaging-Apps oder Videoanrufe. Dies kann zu einer übermäßigen Nähe führen, da wir ständig füreinander da sind und es schwieriger wird, eine Pause von unserer Beziehung zu machen. Auf der anderen Seite kann die digitale Welt auch zu einem Übermaß an Distanz führen, da wir uns hinter unseren Bildschirmen verstecken und uns weniger persönlich miteinander verbinden.

Zu viel Nähe in der digitalen Welt kann dazu führen, dass sich die Partner gegenseitig überwachen und kontrollieren. Dies kann zu Neid, Misstrauen und Konflikten führen. Auf der anderen Seite kann zu viel Distanz in der digitalen Welt dazu führen, dass sich die Partner emotional von der Beziehung distanzieren und sich anderen Aktivitäten widmen, die nichts mit der Beziehung zu tun haben.

Wie kann man als Paar eine gesunde Balance zwischen Nähe und Distanz finden?

Als Paar ist es wichtig, offen und ehrlich miteinander zu kommunizieren und gemeinsam zu entscheiden, wie viel Nähe und Distanz in der Beziehung notwendig sind. Es ist darüber hinaus wichtig, Grenzen zu setzen und zu respektieren, um eine gesunde Balance zu finden. Es kann auch hilfreich sein, gemeinsame Interessen zu finden, um Zeit miteinander zu verbringen und gleichzeitig unabhängig zu bleiben. In einer digitalisierten Welt ist es jedoch schwieriger, eine Balance zu finden, da wir ständig miteinander verbunden sind.

Um die Balance zwischen Nähe und Distanz zu finden, ist es wichtig, dass Paare miteinander kommunizieren und offen über ihre Bedürfnisse und Erwartungen sprechen. Sie sollten sich auch Zeit für sich selbst und ihre Hobbys nehmen, um ihre Individualität zu bewahren.

In der digitalisierten Welt können soziale Medien und Technologie sowohl helfen als auch schaden. Zum Beispiel können Videotelefonie und Messaging-Apps dazu beitragen, dass Paare in Fernbeziehungen trotz der Entfernung verbunden bleiben können. Andererseits können die ständige Verfügbarkeit und das ständige Überwachen von Nachrichten und sozialen Medien auch zu übermäßiger Kontrolle und einer Verletzung der Privatsphäre führen.

Es ist wichtig, dass Paare sich gemeinsam Grenzen setzen und miteinander Vereinbarungen darüber treffen, wie viel Zeit sie online verbringen möchten. Sie sollten sich auch bewusst sein, wie sie sich fühlen, wenn ihr Partner online ist und wie oft sie Nachrichten senden und empfangen möchten.

Ein weiteres Problem in der digitalisierten Welt ist die Möglichkeit, sich mit anderen Menschen online zu vernetzen. Es kann verlockend sein, mit einem anderen Menschen in Kontakt zu treten, der ähnliche Interessen hat oder einem Komplimente macht. Das kann schnell zu emotionalem Betrug führen, wenn eine Person beginnt, eine emotionale Verbindung zu jemand anderem aufzubauen, die an der eigenen Beziehung vorbeigeht. Paare sollten offen und ehrlich über ihre Bedenken sprechen. Sie sollten auch daran arbeiten, ihre Beziehung durch regelmäßige Dates und gemeinsame Interessen zu stärken, um die Bindung zu festigen.

Letztendlich kann die Balance zwischen Nähe und Distanz dazu beitragen, eine gesunde und erfüllende Beziehung aufzubauen. Es ist wichtig, dass Paare sich Zeit nehmen, um ihre eigenen Bedürfnisse zu erfüllen und ihre Individualität zu bewahren, während sie gleichzeitig offen und ehrlich miteinander kommunizieren und ihre Bindung durch gemeinsame Interessen und regelmäßige Partner-Dates stärken. Vereinbaren und treffen Sie auch in einer Beziehung regelmäßig für ein Date, wird das ihre Beziehung zueinander festigen. Denken Sie daran, die Zuneigung Ihrer Partnerin nicht für selbstverständlich zu nehmen.

Kapitel 12

Weiterentwicklung der Beziehung

Kontinuität und die Bereitschaft zur Weiterentwicklung

Eine erfolgreiche Beziehung erfordert Kontinuität und die Bereitschaft, sich weiterzuentwickeln. Es ist wichtig, regelmäßig miteinander zu sprechen, um die Beziehung zu reflektieren und zu verbessern.

Die Bereitschaft, sich in einer Beziehung weiterzuentwickeln, ist für Männer und Frauen gleichermaßen wichtig. Psychologisch gesehen bedeutet Entwicklung, zu wachsen und sich zu verändern, um besser auf die Herausforderungen des Lebens und der Beziehung vorbereitet zu sein. Es geht darum, die eigene Persönlichkeit zu entfalten, persönliche Ziele zu erreichen und gemeinsam mit dem Partner eine starke Bindung aufzubauen.

Die Fähigkeit, sich in einer Beziehung weiterzuentwickeln, erhöht die Wahrscheinlichkeit, dass die Beziehung langfristig Bestand hat. Dabei geht es um das Verständnis, dass man in einer Beziehung immer wieder vor neue

Herausforderungen und Aufgaben gestellt wird, die es zu bewältigen gilt. Ein Paar, das bereit ist, sich weiterzuentwickeln, kann diese Herausforderungen besser meistern und dadurch die Beziehung stärken.

Ein wichtiger Faktor für eine erfolgreiche Weiterentwicklung in einer Paarbeziehung ist die Offenheit für Veränderungen. Es geht um die Bereitschaft, Neues auszuprobieren und die eigene Komfortzone zu verlassen. Dabei ist es wichtig, dass sich beide Partner darauf einlassen und gemeinsam neue Wege gehen.

Ein Gentleman sollte sich in einer Beziehung zu einer Frau immer bewusst sein, dass Veränderungen unvermeidlich sind und dass sie in jeder Beziehung auftreten können. Eine positive Einstellung gegenüber Veränderungen ist entscheidend, um Herausforderungen zu meistern und eine erfolgreiche Beziehung aufrechtzuerhalten. Hier sind einige Vorschläge, die ein Gentleman umsetzen kann, um Veränderungen in seiner Beziehung erfolgreich zu managen:

Offene Kommunikation: Offene und ehrliche Kommunikation ist der Schlüssel, um die Herausforderungen von Veränderungen in einer Beziehung zu meistern. Ein Mann sollte mit seiner Partnerin offen darüber sprechen, wie er sich fühlt und was er von der Beziehung erwartet. Eine offene Kommunikation schafft Vertrauen und Verständnis und ermöglicht es beiden Partnern, ihre Bedürfnisse und Wünsche zu äußern.

Flexibilität: Ein Gentleman sollte in der Lage sein, sich Veränderungen anzupassen und flexibel zu sein. Das heißt, er sollte bereit sein, Kompromisse einzugehen und sich auf neue Situationen einzustellen. Eine flexible Einstellung ermöglicht es ihm, gemeinsam mit seiner Partnerin zu wachsen und Veränderungen positiv zu nutzen.

Positive Einstellung: Eine positive Einstellung ist entscheidend, um Veränderungen in einer Beziehung erfolgreich zu meistern. Ein Gentleman sollte optimistisch sein und Herausforderungen als Chance sehen, die Beziehung zu stärken und zu verbessern. Eine positive Einstellung schafft eine angenehme Atmosphäre und ermöglicht es beiden Partnern, gemeinsam eine Lösung zu finden.

Kreative Lösungen: Manchmal erfordern Veränderungen kreative Lösungen. Ein Gentleman sollte offen sein für neue Ideen und Wege, um die Herausforderungen zu meistern. Gemeinsam mit seiner Partnerin kann er neue Strategien und Pläne entwickeln, um Veränderungen erfolgreich zu bewältigen.

Insgesamt ist es wichtig, dass ein Gentleman in einer Beziehung bereit ist, Veränderungen zu akzeptieren und zu managen. Eine offene Kommunikation, Flexibilität, positive Einstellung und kreative Lösungen sind Schlüssel, um Herausforderungen zu meistern und eine erfolgreiche Beziehung aufrechtzuerhalten.

Fähigkeit zur Selbstrefexion

Auch die Fähigkeit zur Selbstreflexion ist entscheidend für die Weiterentwicklung in einer Beziehung. Es geht darum, sich selbst und die eigenen Handlungen kritisch zu betrachten und sich aktiv mit seinen eigenen Emotionen und Gedanken auseinanderzusetzen. Nur so ist es möglich, eigene Verhaltensmuster zu erkennen und gezielt an ihnen zu arbeiten.

In der Psychologie bezieht sich der Begriff Selbstreflexion auf die Fähigkeit, über das eigene Denken, Fühlen und Handeln nachzudenken und sich selbstkritisch zu hinterfragen. Selbstreflexion ist ein wichtiger Aspekt der Persönlichkeitsentwicklung und hilft dabei, eigene Verhaltensmuster und Denkweisen zu erkennen und gegebenenfalls zu verändern.

Ein Gentleman, der Selbstreflexion praktiziert, kann dadurch in seiner Beziehung Vertrauen aufbauen und die Beziehung zu seiner Partnerin verbessern. Indem er sich selbstkritisch hinterfragt und eigene Fehler und Schwächen erkennt, kann er offener und ehrlicher in der Beziehung sein. Er kann auch besser auf die Bedürfnisse seiner Partnerin eingehen und Konflikte auf eine konstruktive Art und Weise lösen.

Durch Selbstreflexion kann ein Gentleman auch seine eigene Kommunikation verbessern. Indem er sich bewusst macht, wie er seine Gedanken und Gefühle ausdrückt, kann er klarer und verständlicher kommunizieren und Missverständnisse vermeiden. Auch kann er besser auf die Bedürfnisse und Gefühle seiner Partnerin eingehen und einfühlsamer reagieren.

Selbstreflexion kann auch dazu beitragen, dass ein Gentleman seine eigenen Ziele und Werte klarer erkennt und verfolgt. Indem er sich bewusst macht, was ihm wichtig ist und was er in der Beziehung erreichen möchte, kann er gezielt darauf hinarbeiten und die Beziehung weiterentwickeln.

Eine weitere wichtige Komponente ist die Kommunikation. Es ist wichtig, dass man offen und ehrlich miteinander kommuniziert und sich gegenseitig Feedback gibt. Nur so kann man gemeinsam an der Beziehung arbeiten und sich weiterentwickeln.

Es geht bei der Bereitschaft zur Weiterentwicklung in einer Paarbeziehung um die Offenheit für Veränderungen, die Fähigkeit zur Selbstreflexion und eine offene und ehrliche Kommunikation. Indem man gemeinsam an der Beziehung arbeitet und sich weiterentwickelt, kann man eine tiefe und dauerhafte Bindung aufbauen.

Selbstreflexion kann dazu beitragen, dass ein Gentleman eine bessere Beziehung zu seiner Partnerin aufbaut, indem er auf ihre Bedürfnisse eingeht und trotzdem seine eigenen Ziele und Werte verfolgt.

„Als Gentleman sollten Sie sich mit den verschiedenen Aspekten einer erfolgreichen Paarbeziehung tiefer auseinandersetzen und einen Weg finden, Mann zu sein im Sinne der modernen Tugenden und Gentleman zu sein im Sinne von Stil, Wertschätzung und Respekt.“

Kapitel 13

Konflikte in Paarbeziehungen

Konflikte gehören dazu

Konflikte sind Teil jeder Beziehung, insbesondere in Paarbeziehungen. Konflikte sind immer eine Chance, um die Beziehung zu verbessern und gemeinsam zu wachsen. Doch was sind eigentlich die Ursachen von Konflikten in Paarbeziehungen und wie können sie erfolgreich gelöst werden?

Kommunikationsstil und Kommunikationsweise

Ein häufige Ursache für Konflikte ist eine unterschiedliche Kommunikationsweise oder ein unterschiedlicher Kommunikationsstil zwischen den Partnern. Beides kann zu Konflikten in einer Paarbeziehung führen, da Partner sich missverstanden fühlen und Schwierigkeiten haben, ihre Bedürfnisse und Gefühle auszudrücken. Oftmals haben Menschen unterschiedliche Kommunikationsmuster, die auf ihrer Persönlichkeit, ihren Erfahrungen und ihrer

Herkunft basieren. Ein Partner kann zum Beispiel sehr direkt und offen kommunizieren, während der andere Partner indirekter und vorsichtiger ist. Dies kann zu Missverständnissen führen, wenn der kommunikativ direkte Partner das indirekte Verhalten des anderen Partners als Unaufrichtigkeit oder Unzuverlässigkeit interpretiert, während der indirekte Partner das direkte Verhalten des anderen Partners als zu aggressiv oder unangemessen empfindet.

Eine weitere Ursache für Konflikte in der Kommunikation kann sein, dass Partner verschiedene Bedürfnisse und Erwartungen an die Beziehung haben. Zum Beispiel kann einer der Partner viel Wert auf offene und direkte Kommunikation legen, während der andere Partner mehr Wert auf emotionale Unterstützung und Verständnis legt. Wenn diese unterschiedlichen Bedürfnisse nicht anerkannt und ausgeglichen werden, können Konflikte entstehen.

Ein weiterer Grund für Konflikte in der Kommunikation kann darin liegen, dass Partner Schwierigkeiten haben, ihre Emotionen und Bedürfnisse auszudrücken, weil sie sich nicht sicher fühlen, wie der andere Partner reagieren wird. Dies kann zu Frustration und Unzufriedenheit führen, wenn ein Partner sich nicht gehört oder verstanden fühlt.

Es ist wichtig, dass Partner ihre Kommunikationsmuster und -bedürfnisse verstehen und lernen, aufeinander einzugehen, um Missverständnisse und Konflikte zu minimieren. Dies erfordert Offenheit, Empathie und die Bereitschaft, aufeinander einzugehen. Ein guter erster Schritt ist es, regelmäßig miteinander zu sprechen und sicherzustellen, dass jeder Partner die Möglichkeit hat, seine Bedürfnisse und Gefühle auszudrücken. Darüber hinaus kann es hilfreich sein, bestimmte Techniken wie aktives Zuhören und positive Verstärkung zu erlernen, um die Kommunikation zu verbessern und das Vertrauen und die Intimität in der Beziehung zu stärken.

Unausgesprochene Erwartungen

Ein weiterer Grund für Konflikte kann eine unterschiedliche Erwartungshaltung sein. Beide Partner haben in der Regel bestimmte Erwartungen an die Beziehung und den Partner. Wenn diese Erwartungen nicht erfüllt werden, kann dies zu Konflikten führen. Eine Erwartungshaltung ist ein psychologischer Zustand, der die Vorstellung beinhaltet, dass ein bestimmtes Ereignis oder Verhalten in der Zukunft eintreten wird oder sollte. In einer Paarbeziehung können unterschiedliche Erwartungen zu Konflikten führen, da sie oft unbewusst sind und nicht offen kommuniziert werden. Wenn einer der Partner eine Erwartungshaltung hat, die der andere nicht kennt, kommt es leicht zu Missverständnissen.

Eine häufige Ursache für unterschiedliche Erwartungen in einer Beziehung ist die unterschiedliche Persönlichkeit der

Partner. Zum Beispiel kann eine Person, die extrovertiert und spontan ist, erwarten, dass ihr Partner immer bereit ist, neue Dinge zu unternehmen und spontan zu sein, während eine introvertierte Person eher Ruhe und Zeit für sich selbst benötigt und erwartet, dass ihr Partner das respektiert.

Eine weitere Ursache für unterschiedliche Erwartungen kann auch aus der Vergangenheit oder den Erfahrungen jedes Partners in früheren Beziehungen stammen. Eine Person, die in der Vergangenheit schlechte Erfahrungen gemacht hat, kann beispielsweise eine höhere Erwartung an die Treue ihres Partners haben als jemand, der keine schlechten Erfahrungen gemacht hat.

Es ist wichtig, dass beide Partner ihre Erwartungen offen und ehrlich kundtun und miteinander regelmäßig besprechen, um Konflikte zu vermeiden. Wenn ein Partner eine bestimmte Erwartung hat, sollte er oder sie sie klar und präzise formulieren, um Missverständnisse zu vermeiden. Der andere Partner sollte auch bereit sein, zuzuhören und zu verstehen, warum diese Erwartung besteht.

Bei unterschiedlichen Erwartungen ist es wichtig, dass beide Partner Kompromisse eingehen, um eine Lösung zu finden, mit der beide zufrieden sind. Dabei kann auch Unterstützung von außen, zum Beispiel durch einen Therapeuten, hilfreich sein. Diese sollte jedoch unabhängig sein. Unterstützung von Freunden und

Bekannten oder der Familie im Hintergrund ist immer persönlich gefärbt und kann das Bild verzerren. Freunde und Bekannte haben fast immer einen stärkeren Bezug zu einem der beiden Partner und ergreifen innerlich Partei. Das macht eine faire Unterstützung fast immer unmöglich. Ideal ist es, wenn beide Partner in einer Paarbeziehung in der Lage sind, die Dinge konstruktiv mit sich selbst zu besprechen und die Erwartungen regelmäßig miteinander abzugleichen.

Insgesamt ist es wichtig zu erkennen, dass jeder Mensch unterschiedliche Erwartungen hat und diese in einer Beziehung offen diskutiert werden sollten. Wenn beide Partner bereit sind, Kompromisse einzugehen und sich gegenseitig zu respektieren, können sie eine gesunde und glückliche Beziehung aufbauen.

Ungelöste Probleme oder unbearbeitete Konflikte aus der Vergangenheit können auch in Zukunft zu Konflikten führen. Deshalb ist es wichtig, dass beide Partner bereit sind, Probleme anzusprechen und gemeinsam nach Lösungen zu suchen. Nach Konflikten und dadurch entstandenen Verletzungen ist es sehr wichtig, diese Verletzungen offen anzusprechen und dem Partner deutlich zu machen, welche Verletzungen genau vorliegen und was sie bewirkt haben. So können die Verletzungen geheilt werden und es entstehen keine weiteren Konflikte dieser Art. Wenn ein Partner weiß, was er mit seinem Verhalten an Verletzungen zugefügt hat, kann er sein künftiges Verhalten ändern, weil er besser begreift, was er damit beim anderen angerichtet hat. Ein Gentleman gibt einer Frau Raum, eventuell zugefügte Verletzungen zu beschreiben und zu erklären, damit er sie besser versehen, sie nachvollziehen und sich entschuldigen kann und die Frau diese dadurch besser verarbeiten kann.

Sexualität und Konflikte

Sexualität spielt in einer Paarbeziehung so gut wie immer eine Rolle, da sie ein wichtiger Bestandteil der Intimität und des emotionalen Wohlbefindens von Paaren ist. Konflikte in der Sexualität können verschiedene Ursachen haben, wie zum Beispiel unterschiedliche sexuelle Bedürfnisse, mangelnde Kommunikation, Stress oder Beziehungsprobleme. Das Thema Sexualität ist dahingehend sehr komplex und es gibt verschiedene Ursachen für Konfikte, die in einer Paarbeziehung auftreten können:

Unterschiedliche sexuelle Bedürfnisse: Wenn ein Partner ein höheres oder niedrigeres sexuelles Verlangen hat als der andere, kann dies zu Konflikten führen. Der Partner mit einem höheren sexuellen Verlangen kann sich zurückgewiesen fühlen oder den Eindruck haben, dass der andere Partner kein Interesse an ihm oder ihr hat. Selbst wenn sonst alles in einer Paarbeziehung stimmt, kann eine große Differenz zwischen den sexuellen Bedürfnissen der beiden Partner der Beziehung die Grundlage entziehen, abhängig von der persönlichen Gewichtung und dem Bedürfnis nach Sexualität in einer Partnerschaft.

Mangelnde Kommunikation: Wenn ein Paar nicht offen und ehrlich über seine sexuellen Bedürfnisse und Wünsche spricht, kann es zu Missverständnissen und Konflikten kommen. Ein Partner kann das Gefühl haben, dass der andere ihm keine Aufmerksamkeit schenkt oder nicht ausreichend auf seine Bedürfnisse eingeht. Wenn die Erwartungen in der Sexualität nicht aufeinander abgestimmt sind und es kein befriedigendes Geben und Nehmen für beide Seiten gibt, kann dies die Paarbeziehung gefährden. Viele Paare trennen sich, weil die sexuelle Beziehung nicht stimmt oder die sexuelle Anziehungskraft nachgelassen hat.

Stress: Stress kann dazu führen, dass ein Partner weniger Interesse an Sex hat oder weniger offen für sexuelle Aktivitäten ist. Wenn ein Partner gestresst ist, kann es schwierig sein, sich zu entspannen und im Augenblick zu sein, was zu Konflikten führen kann. Stress entsteht auch immer dann, wenn ein Mann eine Frau in einer Partnerschaft sexuell zu sehr bedrängt. Ein Gentleman schafft immer wieder Situationen, in denen sich die Partnerin entspannen kann, ohne dass sie sexuell bedrängt wird. Zum Beispiel kann es für eine Frau sehr entspannend sein, wenn sie mit ihrem Partner, bekleidet oder unbekleidet, einfach nebeneinander liegt. Wenn beide sich zärtlich umarmen und miteinander reden, ohne das sie das Gefühl haben muss, dass der Mann in sexueller Hinsicht etwas von ihr verlangt. Dies führt nicht immer, aber manchmal zu hocherotischen Situationen, wenn die Frau sich tief genug entspannen und die Nähe ohne sexuellen Druck genießen kann.

Körperliche oder psychische Gesundheitsprobleme: Körperliche oder psychische Gesundheitsprobleme wie Schmerzen, Krankheiten oder Depressionen können dazu führen, dass ein Partner weniger Interesse an Sex hat oder weniger offen für sexuelle Aktivitäten ist. In solchen Fällen ist es wichtig, genau zu überlegen, wie das Paar dennoch seine gegenseitigen Bedürfnisse befriedigen kann. Da Sexualität viele Facetten hat, kann eine Veränderung der Gewohnheiten und das Erlernen neuer Techniken trotz Krankheit oder Behinderung wieder Raum für eine erfüllende Sexualität schaffen.

Beziehungsprobleme: Beziehungsprobleme wie mangelndes Vertrauen, Eifersucht oder Unsicherheit können dazu führen, dass ein Partner weniger Interesse an Sex hat oder weniger offen für sexuelle Aktivitäten ist.

Einige Männer vergessen oder haben nicht gelernt, dass Sexualität mit kleinen zärtlichen Gesten beginnt und sich nicht nur auf den Geschlechtsverkehr beschränkt. Die Pornoindustrie und der offene Umgang mit pornografischen Videos im Internet haben sicherlich auch dazu beigetragen, ein falsches und einseitiges Bild von weiblicher und männlicher Sexualität zu vermitteln.

Für eine Frau beginnt Sexualität mit der Befriedigung ihrer körperlichen Bedürfnisse schon mit kleinen Berührungen und vielleicht sogar schon mit Händchenhalten beim Spazierengehen. Oft genügt es ihr, einen starken männlichen Beschützer an ihrer Seite zu haben, der sie warm hält und mit ihr kuschelt. Nach außen propagiert unsere Gesellschaft eine aufgeklärte Sexualität. In den Schlafzimmern sieht es leider oft anders aus. Durch eine unfreie oder unaufgeklärte Erziehung ist das Verhältnis zur Sexualität häufig gestört und die Beteiligten in vielerlei Hinsicht gehemmt. Hier müssen die Partner erst lernen, wie Sexualität gemeinsam entwickelt werden kann.

Paare, die nicht über ihre Sexualität sprechen, können sie auch nicht entwickeln. Genau daran mangelt es in vielen Paarbeziehungen. Ein Gentleman spricht mit seiner Partnerin darüber, was sie will und was ihr gefällt, und er erwirbt Kenntnisse und Fertigkeiten, die weit über die Missionarsstellung hinausgehen und ihn verstehen lassen, was eine Frau sexuell anspricht und wie er am besten auf sie eingehen und mit ihr umgehen kann.

Die Hinweise in diesem Buch reichen bei weitem nicht aus, um hier genug Hilfestellung zu geben. Es ist daher sinnvoll, sich über die Hinweise in diesem Buch hinaus mit der Sexualität von Frauen zu beschäftigen. Aber es ist immer ein guter und erster Schritt, offen mit einer Partnerin über ihre Bedürfnisse zu sprechen.

Wenn sich eine Frau freizügig kleidet, heißt das noch lange nicht, dass dies auch auf ihre Sexualität übertragen werden kann, auch wenn sie damit aus der Sicht eines Mannes vielleicht eindeutige Signale aussendet. Das wird leider auch heute noch von vielen Männern missverstanden. Frauen kleiden sich so, wie sie sich wohl fühlen. Wenn der Kleidungsstil sexy ist, ist das keine Einladung zu sexuellen Handlungen oder verbaler Belästigung. Gentlemen respektieren das und verteidigen eine Frau, wenn dies notwendig sein sollte.

Wenn Paare diese Zusammenhänge berücksichtigen und offen über ihre sexuellen Bedürfnisse und Wünsche sprechen, können sie dazu beitragen, Konflikte in der Sexualität zu vermeiden oder zu lösen und ihre Beziehung zu stärken. Ein Gentleman scheut sich nicht, das Thema Sexualität sensibel, aber auch offen anzusprechen und entwickelt gemeinsam mit seiner Partnerin einen Weg, die gegenseitigen Wünsche zu erfüllen, ohne Druck auszuüben.

Sexualität muss nicht unbedingt beim ersten Date ein Thema sein, es sei denn, die Frau bringt es zur Sprache. Das Thema Sexualität mit den gegenseitigen Wünschen und Vorstellungen sollte jedoch frühzeitig geklärt und auf die Kennenlern-Agenda gesetzt werden, damit es nicht zu unerfüllten Erwartungen, Konflikten oder Belastungen kommt.

Sammeln Sie nicht

Es ist nicht förderlich, alte Konflikte und negative Erfahrungen in einer Paarbeziehung mit sich herumzuschleppen, da dies langfristig zu schädlichen Verhaltensmustern führen kann. Wenn Konflikte nicht gelöst und negative Erfahrungen nicht verarbeitet werden, können sie sich mit der Zeit anhäufen und zu Verbitterung und Resignation führen. Dies kann die Bindung und Intimität in der Beziehung beeinträchtigen und zu emotionaler Distanzierung führen.

Um die Anhäufung negativer Aspekte und Verletzungen in einer Paarbeziehung zu vermeiden, ist es wichtig, offen und ehrlich zu kommunizieren und Konflikte frühzeitig anzusprechen. Hilfreich ist es, eine offene Atmosphäre zu schaffen, in der sich beide Partner sicher und gehört fühlen und ihre Gedanken und Gefühle frei äußern können. Es kann auch hilfreich sein, regelmäßig Zeit für Gespräche und Besprechungen einzuplanen, um sicherzustellen, dass beide Partner auf dem gleichen Stand sind, und um mögliche Konflikte schnell und effektiv lösen zu können.

Es ist wichtig, Dinge ohne Verzögerung anzusprechen und zu bearbeiten, da ungelöste Konflikte und negative Erfahrungen im Laufe der Zeit zu einer emotionalen Last werden können, die die Beziehung beeinträchtigt. Wenn Probleme frühzeitig angesprochen werden, ist die Chance größer, dass sie erfolgreich gelöst werden können, bevor sie sich zu einem größeren Problem entwickeln. Wenn Konflikte erfolgreich und rechtzeitig gelöst werden, kann dies zu mehr Vertrauen und Intimität in der Beziehung führen.

Konflikte als Paar lösen

Konflikte können sehr belastend sein und es erfordert oft viel Zeit und Energie, um eine Lösung zu finden. Ein erster Schritt zur Lösung von Konflikten ist es, sie anzusprechen und eine offene Kommunikation zu führen. Beide Partner sollten bereit sein, ihre Sichtweise zu teilen und zuzuhören, um die Perspektive des anderen zu verstehen.

Eine Beziehung erfordert wie bereits beschrieben immer einen gewissen Grad an Kompromissen. Beide Partner sollten bereit sein, aufeinander zuzugehen und Kompromisse zu finden, um gemeinsam eine Lösung zu finden. Es ist wichtig, Verantwortung für die eigenen Handlungen zu übernehmen und die Auswirkungen auf die Beziehung zu erkennen. Jeder Partner sollte bereit sein, sich zu reflektieren und zu überlegen, wie er oder sie zu dem Konflikt beigetragen hat. Schließlich kann es auch hilfreich sein, einen neutralen Dritten hinzuzuziehen, wie zum Beispiel einen Therapeuten, um bei der Lösung des Konflikts zu helfen.

Konflikte in Paarbeziehungen sind unvermeidlich, aber sie müssen nicht das Ende der Beziehung bedeuten. Durch eine offene Kommunikation, die Bereitschaft, Kompromisse zu finden, die Übernahme von Verantwortung und die Hilfe von einem neutralen Dritten können Konflikte erfolgreich gelöst werden. Eine erfolgreiche Lösung von Konflikten in einer Beziehung kann dazu beitragen, dass sich die Partner enger verbunden und vertrauensvoller fühlen, was zu einer glücklicheren und erfüllteren Beziehung führen kann.

Verletzungen sind leider immer da

Es ist normal, dass sich Partner in einer Beziehung gegenseitig verletzen, da sie unterschiedliche Persönlichkeiten, Bedürfnisse und Erwartungen haben und eine Beziehung ständigen Veränderungen unterworfen ist. Manchmal kann es auch unbeabsichtigt zu Verletzungen kommen, da man nicht immer in der Lage ist, die Wirkung der eigenen Worte und Handlungen auf den anderen vollständig abzuschätzen. Notlagen oder existenzbedrohende Situationen können Stress auslösen, der dazu führt, dass sich Menschen in einer Beziehung verletzen. Aber auch normale Alltagssituationen bergen die Gefahr von Verletzungen. Nicht normal sind Verletzungen, die eine bestimmte Grenze überschreiten. Zum Beispiel dort, wo die Unversehrtheit eines Menschen bedroht ist und Gewalt ausgeübt wird. Wir sprechen hier also nur von den üblichen persönlichen Verletzungen, die durch unbedachte Worte, Emotionen und Auseinandersetzungen entstehen können. Wo genau diese Grenzen verlaufen, bestimmen die Partner in der Regel aufgrund ihrer gemeinsamen Erfahrungen mit Verletzungen in ihrer Paarbeziehung. Zu Beginn einer Beziehung kommt es häufiger zu Verletzungen, weil man sich noch nicht so gut kennt. Paare lernen im Verlauf einer Beziehung, damit besser umzugehen. Ältere Paare, die in einer harmonischen und glücklichen Beziehung leben, haben gelernt, sich möglichst nicht mehr zu verletzen.

Für einen Gentleman geht es immer darum, eine Frau möglichst nicht zu verletzen. Wenn es aber doch zu einer Verletzung kommt, geht es für ihn darum, mit dieser Verletzung richtig umzugehen. Um mit Verletzungen in einer Paarbeziehung umzugehen, ist es wichtig, offen und ehrlich zu kommunizieren und sich konstruktiv zu verhalten. Dazu gehört, als Gentleman die Verantwortung für die eigenen Handlungen und Worte zu übernehmen und bereit zu sein, um Verzeihung zu bitten, wenn man die Partnerin verletzt hat. Es ist auch wichtig, auf die Bedürfnisse und Gefühle der Partnerin zu achten und Einfühlungsvermögen zu zeigen, um Verständnis und Unterstützung zu demonstrieren. Wenn sich eine Partnerin nach einer Verletzung zurückzieht, ist das für einen Gentleman in Ordnung. Für eine gesunde Beziehung ist es jedoch wichtig, schnell wieder aufeinander zuzugehen und miteinander in Kontakt zu bleiben, um über eine Verletzung zu sprechen und diese zu heilen.

Darüber hinaus kann es hilfreich sein, sich Zeit für sich selbst zu nehmen und Wege zu finden, mit negativen Gefühlen umzugehen, zum Beispiel durch Maßnahmen der Selbstfürsorge, die das Wohlbefinden fördern und den Kopf wieder frei machen.

Es ist bei Verletzungen notwendig, realistische Erwartungen an die Beziehung und den Partner zu haben und zu akzeptieren, dass Konflikte und Verletzungen unvermeidlich sind. Eine gesunde Beziehung bedeutet nicht, dass es keine Konflikte und keine Verletzungen gibt, sondern dass man gemeinsam Wege findet, um diese Konflikte zu lösen und auf eine liebevolle und unterstützende Art und Weise mteinander kommuniziert, um Verletzungen wieder zu heilen. Manchmal kann es einer Beziehung nach einer Verletzung gut tun, wenn sich die Partner für kurze Zeit zurückziehen, um sich der geminsamen positiven Werte, der Liebe zueinander und der Gemeinsamkeiten wieder neu bewusst zu werden.

Als Gentleman sollten Sie immer versuchen, Konflikte und Verletzungen zu vermeiden, um in Ihrer Beziehung eine positive und harmonische Atmosphäre zu schaffen. Das kann in der Praxis besser gelingen, wenn sie einfache Kommunikationsstrategien anwenden:

Einfühlungsvermögen: Sie sollten sich bemühen, die Perspektive Ihrer Partnerin zu verstehen und einfühlsam auf ihre Gefühle und Bedürfnisse einzugehen.

Offene Kommunikation: Sie sollten sich bemühen, klar und direkt zu kommunizieren und Ihre Partnerin ermutigen, dasselbe zu tun. Eine offene Kommunikation hilft, Missverständnisse und unnötige Konflikte zu vermeiden.

Respektvolle Kommunikation: Sie sollten immer respektvoll und höflich sprechen, selbst wenn Sie mit der Meinung Ihrer Partnerin nicht einverstanden sind. Sie sollten vermeiden, beleidigend oder verletzend zu sein, sollten sich aber auch nicht beleidigen lassen.

Kompromissbereitschaft: Sie sollten bereit sein, Kompromisse einzugehen, um Konflikte zu lösen und eine gemeinsame Lösung zu finden, mit der beide Partner zufrieden sind.

Ehrlichkeit und Vertrauen: Sie sollten immer ehrlich sein und Ihrer Partnerin vertrauen. Ein offenes und vertrauensvolles Verhältnis hilft dabei, Konflikte zu vermeiden und zu lösen.

Nähe: Behalten Sie die Nähe zu Ihrer Partnerin, vor allem, wenn Ihre Partnerin ihre Nähe gerne sucht und vielleicht auch körperlich darauf angewiesen ist. Nähe dürfen und sollten Sie ganz besonders bei Konflikten oder Verletzungen beibehalten.

Eine respektvolle, einfühlsame und offene Kommunikation ist der Schlüssel zur Konfliktvermeidung und Konfliktlösung in einer Beziehung zu einer Frau als Gentleman. Sie sollten immer versuchen, Ihre Partnerin zu verstehen und eine positive und harmonische Atmosphäre in der Beziehung zu schaffen. Halten Sie Verletzungen jeglicher Art so weit wie möglich aus der Beziehung heraus.

Kapitel 14:

Familie gründen

Erfolgreiche Partnerschaft und Kinder

Eine gelungene Partnerschaft ist die Voraussetzung für eine glückliche Familie. Wenn Kinder ins Spiel kommen, kann es jedoch schwieriger werden, die Bedürfnisse der Partnerschaft mit denen der Kinder in Einklang zu bringen. Hier sind einige Tipps, die Ihnen helfen können, eine erfolgreiche Partnerschaft mit der Erziehung von Kindern zu verbinden:

Kommunikation: Eine offene und ehrliche Kommunikation ist der Schlüssel zu einer erfolgreichen Partnerschaft. Sprechen Sie miteinander über Ihre Erwartungen, Bedürfnisse und Ziele in Bezug auf die Erziehung Ihrer Kinder. Sprechen Sie auch über Ihre persönlichen Bedürfnisse und versuchen Sie gemeinsam Wege zu finden, Zeit für Ihre Beziehung zu finden.

Zeitmanagement: Zeitmanagement ist eine wichtige Fähigkeit für eine erfolgreiche Partnerschaft und Kinder erziehung. Setzen Sie Prioritäten und planen Sie Ihre Zeit gemeinsam, um Zeit für Ihre Beziehung und Ihre Kinder zu finden. Teilen Sie die Verantwortung für die Erziehung Ihrer Kinder und arbeiten Sie als Team zusammen.

Respekt: Respekt ist eine wichtige Voraussetzung für eine erfolgreiche Partnerschaft. Respektieren Sie die Meinungen und Bedürfnisse Ihres Partners und behandeln Sie ihn freundlich und wertschätzend. Zeigen Sie auch Ihren Kindern, wie wichtig Ihnen Respekt in Ihrer Beziehung ist.

Kompromisse: In jeder Beziehung sind Kompromisse notwendig, um eine erfolgreiche Partnerschaft aufzubauen. Seien Sie bereit, aufeinander zuzugehen und Kompromisse zu finden, um die Bedürfnisse Ihrer Familie zu erfüllen.

Gemeinsame Aktivitäten: Planen Sie gemeinsame Aktivitäten, die sowohl Ihrer Partnerin als auch Ihren Kindern Freude bereiten. Verbringen Sie Zeit miteinander und genießen Sie diese Momente als Familie.

Unterstützung: Geben Sie Ihrer Partnerin Unterstützung und ermutigen Sie sie, wenn sie sich unsicher oder überfordert fühlt. Seien Sie auch bereit, ihre Partnerin um Hilfe zu bitten, wenn Sie diese benötigen.

Flexibilität: Seien Sie flexibel und passen Sie sich den Veränderungen und Herausforderungen des Familienlebens an. Es kann schwierig sein, aber Flexibilität kann helfen, Stress und Konflikte zu minimieren.

Eine erfolgreiche Partnerschaft in Verbindung mit der Erziehung von Kindern erfordert Zeit, Geduld und Kompromisse. Durch offene und ehrliche Kommunikation, Respekt, gemeinsame Aktivitäten und gegenseitige Unterstützung können Sie eine erfolgreiche Partnerschaft aufbauen, die Ihre Familie stark und glücklich macht.

Geburt eines Kindes

Die Geburt eines Kindes ist ein Meilenstein im Leben eines Paares. Die Liebe zu einem neuen Familienmitglied zu entdecken und zu teilen kann eine wunderbare Erfahrung sein, aber es gibt auch Herausforderungen und Veränderungen, die das Paar bewältigen muss. Jetzt, am Ende dieses Buches, werden wir uns noch kurz auf die typischen Probleme konzentrieren, die nach der Geburt eines Kindes auftreten können, und konkrete Maßnahmen aufzeigen, wie diese Probleme im Alltag gelöst werden können. Manchmal kann das auch schon beim ersten Date ein Thema sein, wenn die Frau einen starken Kinderwunsch hat und von Ihnen als Mann erwartet, dass Sie dazu klar Stellung beziehen.

Veränderungen durch ein Kind

Ein Kind bringt viele Veränderungen mit sich, die sich sowohl auf die Beziehung als auch auf das individuelle Leben auswirken können. Die Veränderungen, die ein Paar durchmacht, wenn ein Kind geboren wird, können eine Reihe von Herausforderungen mit sich bringen. Im Folgenden sind einige typische Probleme aufgeführt, mit denen Paare konfrontiert sein können:

Weniger Zeit füreinander: Die Betreuung und Erziehung eines Kindes erfordert viel Zeit und Energie, so dass das Paar weniger Zeit für sich und füreinander hat.

Finanzielle Belastungen: Die Kosten für die Betreuung eines Kindes können hoch sein, und das Paar muss möglicherweise seine Finanzen anpassen.
Schlafmangel: Ein neugeborenes Kind benötigt rund um die Uhr Pflege, was zu Schlafmangel bei den Eltern führen kann.

Veränderung der Rollenverteilung: Wenn ein Kind geboren wird, müssen Eltern ihre Rollen anpassen und neu definieren. Ein Elternteil kann mehr Verantwortung für die Betreuung des Kindes übernehmen, während der andere dafür sorgt, dass die finanziellen Verpflichtungen der Familie reibungslos erfüllt werden.

Mangelnde Kommunikation: Wenn das Paar weniger Zeit füreinander hat, kann dies zu einem Mangel an Kommunikation und Verbundenheit und zu einem Verlust an Intimität führen.

Emotionale Anforderungen: Die Geburt eines Kindes kann zu emotionalen Höhen und Tiefen führen, einschließlich Stress, Angst und Depressionen.

Lösungen im Alltag

Es gibt konkrete Maßnahmen, die Paare ergreifen können, um diese Probleme im Alltag zu lösen und ihre Beziehung zu stärken:

Zeitmanagement: Planen Sie regelmäßig Zeit für einander ein und erstellen Sie gemeinsam einen Familienkalender, um sicherzustellen, dass jeder Zeit für sich hat und dass sich die Bedürfnisse des Kindes mit ihren Bedürfnissen als Paar nicht gegenseitig ausschließen. Es kann auch hilfreich sein, gemeinsame Aktivitäten zu planen, die den Bedürfnissen der Familie entgegenkommen. Beziehen Sie die Großeltern oder andere Familienmitglieder regelmäßig mit ein, um damit für Entlastung zu sorgen.

Verwaltung der Finanzen: Stellen Sie gemeinsam einen Finanzplan auf und priorisieren Sie die Ausgaben für das Kind, um die finanzielle Belastung zu verringern. Es kann auch hilfreich sein, nach Einsparmöglichkeiten zu suchen, wie zum Beispiel gebrauchte Kleidung oder Spielzeug zu kaufen oder staatliche Unterstützungsprogramme in Anspruch zu nehmen.

Regelmäßige Kommunikation: Nehmen Sie sich regelmäßig Zeit, um miteinander zu sprechen und Ihre Gefühle und Bedürfnisse auszutauschen. Seien Sie offen für Kompromisse.

Rollenverteilung mit Erholungspausen: Vereinbaren Sie eine für beide Partner akzeptable Rollenverteilung und achten Sie darauf, dass diese ausgewogen ist und jeder für sich Erholungsphasen einplanen kann. Aufgaben und Verantwortung zu teilen und sich gegenseitig zu unterstützen, ist für Eltern heute ein absolutes Muss. Eine Mutter sollte dabei unterstützt werden, Zeit für sich selbst zu finden, um sich zu entspannen und neue Energie zu tanken.

Emotionale Unterstützung: Suchen Sie Unterstützung, wenn Sie sich emotional belastet fühlen, wie zum Beispiel bei einer Familienberatung oder einer Selbsthilfegruppe. Es kann helfen, regelmäßig Zeit für sich selbst zu nehmen und sich selbst zu pflegen, um die emotionale Gesundheit zu erhalten.

Gemeinsame Paarzeit: Reservieren Sie sich gemeinsame Paarzeit ohne Kind. Wenn es aus Zeitgründen nicht anders geht, vereinbaren Sie regelmäßige Termine, die nur Ihnen als Paar gehören und an denen Sie Ihre Romantik als Paar wie vor der Geburt des Kindes wiederfinden können. Das kann ein gemeinsames Abendessen, ein Spaziergang oder auch ein gemeinsames Hobby sein.

Die Geburt eines Kindes bringt viele Veränderungen mit sich, die eine Beziehung auf die Probe stellen können. Durch eine offene Kommunikation, eine ausgewogene Rollenverteilung und die Suche nach Unterstützung können Paare jedoch gemeinsam durch diese Herausforderungen navigieren und eine starke und glückliche Familie aufbauen. Es ist wichtig zu erkennen, dass die Veränderungen, die ein Kind mit sich bringt, normal sind und dass es Möglichkeiten gibt, diese im Alltag zu bewältigen und zu lösen.

Nach der Geburt eines Kindes kann es für eine junge Mutter schwierig sein, ihre Aufmerksamkeit und ihre Prioritäten neu auszurichten. Sie hat vielleicht eine emotionale Bindung zu ihrem Kind aufgebaut und fühlt sich verpflichtet oder hat den Wunsch, eine liebevolle und engagierte Mutter zu sein. Dies kann dazu führen, dass sie sich mehr auf das Kind als auf ihren Partner konzentriert.

Es ist wichtig, dass das Paar erkennt, dass eine solche Verschiebung des Fokus normal ist und dass es Wege gibt, eine gesunde Beziehung zwischen den Partnern aufrechtzuerhalten. Hier sind einige Schritte, die ein Paar gemeinsam gehen kann:

Kommunikation: Es ist wichtig, dass beide Partner offen und ehrlich miteinander kommunizieren. Die junge Mutter sollte ihre Gefühle und Bedürfnisse mitteilen und der Vater sollte aufmerksam und unterstützend zuhören. So kann das Paar Missverständnisse und Unausgesprochenes vermeiden.

Unterstützung durch den Partner: Der Partner sollte die Mutter bei der Betreuung des Kindes unterstützen, um sie zu entlasten. Er kann zum Beispiel im Haushalt helfen oder sich um das Kind kümmern, damit die Mutter Zeit für sich hat.

Flexibilität: Die junge Mutter sollte nicht das Gefühl haben, alles alleine machen zu müssen. Der Partner sollte offen für Veränderungen und bereit sein, bei Bedarf und situativ angepasst Aufgaben zu übernehmen. Es ist wichtig, dass beide Partner anpassungsfähig sind und aufeinander Rücksicht nehmen.

Akzeptanz: Es ist wichtig, dass beide Partner akzeptieren, dass sich ihre Beziehung nach der Geburt des Kindes verändert hat. Es kann helfen, sich auf die positiven Aspekte der neuen Situation zu konzentrieren und gemeinsam daran zu wachsen.

Eine junge Mutter kann nach der Geburt ihres Kindes den Fokus mehr auf das Kind als auf den Partner legen. Es ist jedoch möglich, eine gesunde Beziehung zwischen dem Paar aufrechtzuerhalten, indem man miteinander kommuniziert, Zeit für Zweisamkeit plant, sich gegenseitig unterstützt, flexibel bleibt und die Veränderungen akzeptiert. Wenn das Paar diese Schritte unternimmt, kann es die Herausforderungen meistern und eine starke und liebevolle Beziehung aufrechterhalten.

Es ist wichtig, dass der Gentleman die Anstrengungen seiner Frau anerkennt und sie in ihrem neuen Rollen als Mutter unterstützt. Er kann ihr zum Beispiel sagen, wie stolz er auf sie ist und ihr bei der Betreuung des Babys helfen. Der Gentleman kann seiner Frau bei der Hausarbeit helfen, einkaufen gehen oder Mahlzeiten vorbereiten, um ihre Last zu verringern. Er übernimmt die Betreuung des Kindes, wenn die Mutter Freiraum braucht. Als Vater sollte der Gentleman Geduld haben und einfühlsam sein. Es ist wichtig, dass er seine Frau unterstützt, wenn sie sich überfordert oder unsicher fühlt. Er sollte ihr zuhören und ihr helfen, ihre Ängste und Sorgen zu bewältigen. Es ist wichtig, dass der Gentleman offen und kommunikativ mit seiner Frau umgeht. Er sollte bereit sein, über seine eigenen Sorgen und Ängste zu sprechen und ihr dabei zu helfen, Lösungen zu finden. Als moderner Mann, der sich der Erziehung seiner Kinder widmet, kann der Gentleman seiner Partnerin auf verschiedene Weise helfen. Es ist wichtig, dass ein Gentleman und seine Partnerin gemeinsam entscheiden, wie sie ihre Kinder erziehen wollen. Sie sollten ihre Werte und Überzeugungen teilen und gemeinsam die besten Entscheidungen für ihre Familie treffen.

Wenn Sie diese Schritte unternehmen, können Sie eine starke und liebevolle Beziehung zu Ihrer Familie, Ihrer Frau und Ihren Kindern aufbauen.

Kapitel 15:

Gentleman ist eine Lebenseinstellung

Das Beste aus sich herausholen und anderen helfen

Die Lebenseinstellung eines Gentlemans ist also durch seine Haltung und seine Werte gekennzeichnet. Ein Gentleman ist eine Person, die sich stets höflich, respektvoll und rücksichtsvoll verhält. Er zeigt Mitgefühl und Freundlichkeit gegenüber anderen, insbesondere gegenüber Frauen. Diese Eigenschaften machen ihn zum idealen Partner für eine glückliche, liebevolle und erfolgreiche Beziehung. Er setzt seine Fähigkeiten jedoch nicht zur Manipulation anderer oder zur unangemessenen Selbstdarstellung ein.

Die Rolle des Gentlemans eignet sich hervorragend für den Aufbau einer Familie, da er ein Vorbild für seine Kinder sein kann. Er kann seinen Kindern beibringen, wie man respektvoll und liebevoll mit anderen und Frauen umgeht und wie man anderen Menschen hilft. Er zeigt seinen Kindern, wie man Verantwortung übernimmt und ein guter

Partner, Liebhaber und Elternteil ist. So kann er eine starke und liebevolle Familie aufbauen.

Schon beim ersten Date kann ein Gentleman bei einer Frau mit seinen Qualitäten punkten. Eine Frau schätzt es, wenn ein Mann respektvoll und höflich ist und sich um sie kümmert. Ein Gentleman ist aufmerksam und zeigt Interesse an der Frau, hört ihr zu und stellt Fragen, um sie besser kennen zu lernen. Er behandelt sie mit Respekt und zeigt ihr, dass er sie schätzt. All diese Eigenschaften können dazu beitragen, dass sich eine Frau wohl und angenommen fühlt und so eine optimale Basis für eine glückliche Beziehung geschaffen wird.

Moderne Frauen suchen in einem Partner nicht mehr nur einen Versorger, sondern legen Wert auf andere Eigenschaften wie emotionale Intelligenz, Humor, Einfühlungsvermögen und Respekt. Ein Gentleman verkörpert genau diese Eigenschaften und ist somit ein attraktiver Partner für die Frau von heute.

Ein Gentleman verhält sich seiner Partnerin und anderen Menschen gegenüber stets respektvoll, höflich und zuvorkommend. Er hört zu, zeigt Interesse an ihren Bedürfnissen und Meinungen und behandelt sie mit Wertschätzung und Achtung. Frauen schätzen diese Art der Aufmerksamkeit und Zuwendung heute sehr und fühlen sich von einem Gentleman verstanden und wertgeschätzt.

Ein Gentleman ist auch in der Lage, seine Gefühle und Bedürfnisse auszudrücken und beweist damit eine emotionale Intelligenz, die viele Frauen anspricht. Er zeigt sich verletzlich und authentisch und baut dadurch eine tiefe und ehrliche Beziehung zu seiner Partnerin auf.

Ein Gentleman ist auch ein Mann, der anderen hilft und sich für sie einsetzt. Er zeigt sich als verantwortungsbewusster und engagierter Partner und als Mitglied der Gesellschaft, dem das Wohl anderer am Herzen liegt. Diese Eigenschaften sind nicht nur attraktiv, sondern auch inspirierend und können Frauen motivieren, selbst aktiv zu werden und anderen zu helfen.

Kurzum, der Gentleman tut sein Bestes, um anderen zu helfen. Er zeigt sich als engagierter und verantwortungsbewusster Partner, der seine Gefühle ausdrückt und seinen Mitmenschen mit Respekt und Aufmerksamkeit begegnet. In der Partnerschaft vertritt er aber auch seine eigenen Interessen und steht seiner Frau gleichberechtigt zur Seite. All diese Eigenschaften machen ihn zu einem attraktiven Partner, der das Herz einer modernen Frau im Sturm erobern kann.

Nachwort

Wenn Sie dieses Buch gelesen haben, werden Sie sich vielleicht fragen, wie Sie das alles mit Ihrem Werdegang, Ihren Erfahrungen und Ihrer Persönlichkeit vereinbaren können. Die Antwort ist einfach: Ich glaube nicht, dass es den perfekten Gentleman gibt. Aber es gibt Männer, die diesen Weg schon ein gutes Stück gegangen sind und vieles davon in ihr Verhalten und ihren Alltag übernommen haben.

Es liegt an Ihnen, was Sie für richtig halten, was Sie für sich übernehmen wollen und was Sie letztendlich zu Ihrer Traumfrau führt.

Es kommt auf Ihre persönliche Haltung an.

Ich wünsche Ihnen eine schöne, erfüllte und liebevolle Zeit mit Ihrer (neuen) Partnerin.

Ihr Mike Winter

„Liebe ist eine Komposition, bei der die Pausen genauso wichtig sind wie die Musik."

Senta Berger.